听程红兵老师

说课
评课
课课

2

程红兵——

著

长江出版传媒　长江文艺出版社

图书在版编目（CIP）数据

听程红兵老师说课评课. 2 / 程红兵著. -- 武汉：
长江文艺出版社，2022.11
　　（大教育书系）
　　ISBN 978-7-5702-2580-4

　　Ⅰ. ①听… Ⅱ. ①程… Ⅲ. ①中学语文课－教学研究
Ⅳ. ①G633.302

　　中国版本图书馆 CIP 数据核字 (2022) 第 049072 号

听程红兵老师说课评课. 2

TING CHENG HONGBING LAOSHI SHUOKE PINGKE. 2

责任编辑：秦文苑　　　　　　　　责任校对：毛季慧
封面设计：璞茜设计　　　　　　　责任印制：邱　莉　　王光兴

出版：长江出版传媒　长江文艺出版社
地址：武汉市雄楚大街 268 号　　　邮编：430070
发行：长江文艺出版社
http://www.cjlap.com
印刷：武汉市首壹印务有限公司

开本：720 毫米×970 毫米　　　1/16　　印张：13.5　　　插页：1 页
版次：2022 年 11 月第 1 版　　　2022 年 11 月第 1 次印刷
字数：166 千字

定价：45.00 元

目　录

自序

面向未来的课堂教学

报载有未来学家预测：未来 20 年，现在世界上 60% 的职业将消失。牛津、耶鲁的项目小组共同研究预测：2019 年底，牌友失业；2021 年底，洗衣店店员失业；2022 年，专职游戏玩家失业；2023 年，速记员失业；2024 年，接线员失业；2024 年，低级程序员失业；2025 年，播音员失业；2026 年，口语翻译失业；2027 年，驾驶员失业；2027 年，快递、士兵失业；2031 年，售货员失业；2032 年，专业翻译失业；2049 年，作家失业；2050 年，医生失业；2059 年，大学教授失业；2060 年，人类的一半工作将被 AI 替代。如此具体的预测，失误的概率还是比较高的。以作家为例，作家我以为有两种，一种是工程型作家，他们的作品不是创作，而是加工，提炼出一些基本的要素，然后根据需要进行搭配组装，现在的很多肥皂剧就是这样制造出来的，这类作家是可以取代的。另外一种是创造型的作家，他们的思想超凡脱俗，具有人类的悲悯情怀，他们的作品是创造出来的，这类作家是不可替代的。但是从总体上说，未来社会的职业岗位将会发生巨大变化，这个趋势是毋庸置疑的。

现实的巨大变化，已经让我们感受到了，所有的职业都要顺应时代而努力。邮政行业不努力，顺丰就会替它去努力；银行业如果不努力，支付宝就会替它去努力；通信行业不努力，微信就会替它去努力；出租车行业不努力，滴滴就会替它去努力。谁能顺应时代大趋势，获得前沿技术优势，谁就能在一日千里的竞争中占据主动。世界的改变本身也在升级，以前是"选择"改变世界——以 BAT 为代表的传统的互联网，最大特点是把所有的东西都摆在我们面前，让我们任意挑选；现在是"推送"改变世界——抖音最大特点是"算法"，它根据你的行为算出你的喜好，直接把你的最爱呈现在你面前，更符合人性特点。抖音在推送技术层面超越 BAT、Facebook、微软等，抖音（包括今日头条）的"算法推送"精准拿捏人性，无论传统互联网公司怎样迭代自己的功能，字节跳动都可以轻松地对它们实施"降维打击"！

未来世界有一个基本特征，那就是技术的变化速度会超过人类的适应速度。麻省理工学院媒体实验室主任伊藤穰一和著名记者杰夫·豪在合著的《爆裂》一书中总结了未来世界三大趋势：不对称性，复杂性，不确定性。其实现在社会已经体现出这样的特征。《人类简史》的作者尤瓦尔·赫拉利曾经说："21 世纪全世界最重要的产品，不再是工厂、车辆、武器，而是人体、大脑、思维——所以世界的重心，将逐渐从跨国公司，转向那些杰出的学校。"100 多年前杜威曾经说过："如果我们仍然以昨天的方式教育今天的孩子，无疑就是掠夺了他们的明天。"这句话无疑在今天仍然有着非常积极的意义。麻省理工学院院长哥顿·布朗曾经说："要当一名教师，首先要做一个预言家，因为你的教育不是为了今天，而是要为学生们想象不到的未来做准备。"

面向未来，社会何为？

社会各界对时代的巨大变化非常敏感，他们重新定义知识，重新定义学习，重新定义教育，重新定义培养目标。关于知识新定义，联合国教科文组织 2015 年发布报告《反思教育：向全球共同利益的理念转变》，其中界定的知识内涵，包括：信息、理解、技能、价值观、态度。这与以往对知识的理解已经产生很大的差异。我们总以为所谓知识就是信息，这是静态的知识，但联合国教科文组织的重新定义更加注重如何面对知识，如何使用知识，更强调动态的知识。哈佛大学托尼·瓦格纳教授说："知识已是一种免费商品，像空气和水一样。对每个连接互联网的设备，知识都是免费的。代表知识的学历优势正在迅速消失。学习的关键在于要随时能找到相关知识，并在需要时及时学会并运用它。"培根的名言"知识就是力量"，在今天看来要发生很大的改变，静态的知识不是力量，整合的知识才是力量。在信息社会里，呈碎片化堆积状态的知识不再是力量，怎么把碎片化知识进行整合，形成一个系统、一种结构，才是力量，这种知识能够被汇集并编码，这样才能形成知识智慧的力量。运用的知识才是力量，知识不是死的，而是活的；有体验支撑的、能够基于证据和根据，做出自己回答的知识，才有力量和智慧，即基于反思，能实现问题解决的知识才是智慧的力量。

学习新概念。2019 年世界银行发布报告《2018 年世界发展报告》，其中以一个单元专门讨论教育，标题是《学习以兑现教育的承诺》，这是世界银行第一次针对教育发展展开专项讨论。

如何确保学校教育带来真正的学习？很显然，世界银行对现行的学校教学是不满意的，他们认为现行的学校教学并没有带来真正意义上的学习。

那么何为真正的学习？有专家认为所谓真正的学习就是由分科的学习走向综合的学习，由文本的学习走向实践的学习，由单一的学习走向混合的学习。这种说法不无道理，但我以为不应是简单的替代，即不是由后者替代前者，而应该是迭代，即在前者基础上的迭代，是二者的有机整合。何为真正的学习？也有专家说，由基于课本的学习走向基于标准的学习；由概念离散的学习走向观念聚合的学习；由符号记忆的学习走向深度理解的学习。这是基于核心素养提出的学习转型。真正的学习，其效益的重要指标是理解力，包括整体思考的能力、洞察问题的能力、想象力、类比力、直觉力和解释力。

教育新趋势。世界经合组织 2017 年 7 月 20 日发布报告《2017 影响教育的趋势聚焦》，报告提出：在这个背景、文化、语言与宗教日益多样化的"超级多元化时代"，教育系统面临两个重要责任。即必须调整教学与学习，以反映并回应多样化，满足所有人的教育需求；作为个体初始社会化的主要社会空间，教育在培养跨文化技能中必须发挥重要作用。如何实现这两个责任？首先，教育内容必须适应种族、宗教和文化多样化，即内容多样化。其次，学校要通过明确的教学，培养接纳多样文化的态度和价值观，认可学习和认知的多样化并调整教学策略，即学习态度和价值观的多样化。再其次，在知识构建中要考虑多个视角，以体现多样化，即学习视角多样化。

社会新目标。社会确立新的培养目标，世界经济论坛 2015 年提出"21世纪未来人才必备的关键能力"即重要的软实力，包括创新思维能力、批判性思维能力、解决问题能力和协作能力。国际社会一些著名的大公司在用人标准上也发生很大的改变，如 Google 公司，过去他们是雇用最好的大学里成绩最好的学生，现在的新员工中有 15% 根本没有大学的学位，他们现在招聘的标准是寻找知道如何分析问题、解决复杂问题的人。于是他们面试的时候，就是想知道你的经历，想知道你能做什么，据此来判断是否录用你。

世界经合组织每一次 PISA 考试的新元素都反映了他们对教育培养目标的新看法。每隔 3 年，PISA 就增加一个新的测试元素，2015 年新增"协同解决问题的能力"，2018 年新增"全球胜任力"，2021 年新增"创造性思维的能力"。这些增加的新元素，就是他们认为学校教育应该增加培养的目标。

面向未来，国家何为？

作为国家战略，教育部出台了核心素养的相关文件，所谓核心素养就是学生应具备的，能够适应终身发展和社会发展需要的必备品格和关键能力。从时间长度看，涉及学生终身发展；从内容跨度看，涉及社会发展的方方面面。之前世界经合组织和美国都相继出台过核心素养的相关文件，美国核心素养主要聚焦未来技能。

教育部出台的核心素养文件直接影响到课程标准的修订，2020 高中新课标就是按照核心素养的精神来制定的，可以说这么多年中国的课程发展经历了从知识立意到能力立意，从能力立意到素养立意的过程。

面向未来，课堂何为？

课堂教学的本质是有规律的自由行动，有规律需要模式建构。许多学校、教师发明了教学模式，基本上是程序建构，程序建构的结果是既推进了教学规律，又压制了教学自由，导致教学模式走向封闭僵化。

尊重课堂教学规律，可以实施模型创建，即把教学规律提炼成教学要素，根据不同教学对象，不同教学目标，不同教学内容，实施不同要素的不同组合，这样就避免了课堂教学的封闭和僵化，使课堂教学富有弹性和张力。教学模型的创建是有理论支撑的，从学习理论来看，有变异理论；从思维理论来看，有批判性思维理论；从评价理论来看，有国际教育评估理论，包括 PISA、TIMSS（数学）、PIRLS（阅读），等等。

基于这些理论与大量的教学实践案例，目前可以提炼出如下共同要素：教学目标——A 行为目标；理解迁移——B 还原背景、C 还原原型、D 还原思维；应用评价——E 多维反思、F 矛盾质疑、G 动态视角……课堂教学模型不是封闭的，因此共同要素也是可以继续生成的，在实际教学过程中，可基于实际情况采用不同要素进行不同组合。

课堂教学是一种自由行动，自由的教学是真实的学习！

先看一个小学课题教学案例，执教者是杭州师院的任为新老师，学生是浙江师范大学附属小学六（1）班的学生，这堂课的教学内容是外貌描写。

师：我听说师大附小是全义乌市最好的小学，是真的吗？

生：（大声地）是真的！

师：听说六（1）班是师大附小最好的班，是真的吗？

生：（大声地）是真的！

师：听说你是六（1）班最好的学生，是真的吗？

（全班学生哄笑）

师：就是嘛，是不是最好的，不是自己说的，要由别人评判。

点评：教师的第三个问话轻轻松松就把前面两个问话的答案否定掉了，

而且学生不会有抵触感，学生完全认同，并且觉得这个老师挺好玩的，应该说任老师这堂课的开头是很成功的，暖场的效果非常明显。

师：今天是作文课，我们来学习怎样写人。六年级了，老师都教过我们了，写人怎么写，最重要的是通过哪几点来写？

生：写人要通过外貌描写、动作描写、语言描写、心理描写等来写。

师：很好。关于人物外貌描写得好的课文，我们学了不少，大家来回忆一下，有哪些？

生：《少年闰土》《地震中的父与子》《慈母情深》《凤辣子初见林黛玉》……

点评：这个环节就是温故知新，不但要让学生知道一些相关的概念，还要唤起学生关于实际运用的一些案例的回忆，进而明确这堂课的学习目标。

师：今天你们就写我。现在老师在大家中间走几步，你们仔细观察，然后抓住我的外貌特征，用简洁的文字概括。

师：看完了？好，讨论一下，然后动笔概括。

（学生说，老师的外貌特征是："高""瘦""老"。）

点评：任老师以自己为模特，创设真实的写作情境，这一点就与许多老师的做法不同。一般语文老师都是让学生写记忆中的某一个人，或教师，或同学，或亲人，或相关的某个人，写他们都是写他们的过去，而任老师一反常态是让学生写现在，写现在观察到的面前的人，真实的情境，真实的描写对象，自然引出真实的写作。任老师这个引导是大方向上的引导，成功引向真实的学习。

　　师：外貌特征概括出来了。但不够具体，没给人留下印象——怎么个"高"法呢？"瘦"成什么样啊？"老"到什么程度了？再讨论，把我的特点写具体。

　　（学生："老师个子很高，有一米七几。但很瘦，估计一百一十斤也不到。老师看上去显老，脸上皱纹很多，头发稀少，脑门有点秃。"）

　　点评：在学生初步概括描写对象特征的基础上，任老师引导学生写具体，把对象特征具体化。教师的点拨初见成效。

　　师：再进一步，把我写得生动一点，可以用比喻句，把你对我的感觉、想象写出来。

　　生1：老师个子很高，有一米七六，站到我面前，像一堵墙。

　　生2：老师细胳膊细腿，瘦骨伶仃，像竹竿似的。（全场笑）

　　生3：老师的身板像纸那样薄薄的一片，好像风一吹就能刮跑了。

　　生4：小脑袋、小鼻子，还有小眼睛——笑起来眼睛一眯就没了。（全场笑）

　　生5：老师骨瘦如柴，看上去显老，脸上皱纹很多，一笑起来，脸上都是括弧。

　　生6：老师瘦得像火柴棍似的，头发稀少，脑门有点秃，前半个脑

袋像鸡蛋。(全场笑)

点评：由写具体到写生动，任老师的指导方法再见成效。以上是第一个环节，除了开头暖场之外，学生进入写作阶段，由准确概括到具体描写，再到生动描写，层层递进。这个阶段是没有交流对象的单纯描写技巧教学，即引导学生将内容写准确、具体和生动。很多相对优秀的教师都是这样教的。

师：好，不愧是名校的学生，准确、具体、生动，有几句还挺传神，把老师的外貌特征写出来了。但是同学们知道，老师为什么那么瘦吗？

生：不知道。

师：实话告诉大家，老师没有老伴，没有人给我做饭——我一天只吃两餐（学生惊愕）……所以，我今天是来求助的。我要去征婚，征婚要写介绍、写外貌，刚才大家把我写得准确、具体、生动，我要拿这些文字去征婚——

（教室里骚动起来，同学们纷纷说不行。）

点评：这一环节老师开始的问题好像是在卖关子，但其实任老师是在引导学生走向真实的写作，有真实的具体目标（征婚启事）、有目的的写作（以此去征婚），让写作发挥实际功能，而不仅仅是一篇上交老师批阅的作文。很显然这是许多语文老师所不会涉及的，它打破了旧有的学生作文边界，打破了旧有的写作教学的边界，让学生的写作和生活联系起来。

师：为什么不行？

生：没有褒义词，用了贬义的、取笑的手法，看了给人感觉不好。即使有单身阿姨看到了，也不会来跟老师搞对象的！

师：那应该怎样写？

生1：一米七六的个头，乌黑的头发，英俊的脸庞，浓浓的眉毛下面，有一双炯炯有神的眼睛……

师：你们看我的样子，有"乌黑的头发，英俊的脸庞，浓浓的眉毛"吗？你这是成心害我啊！到时候人家真来相亲了，还不拿砖头扁我这个骗子……

点评：任老师的作文指导，不是孤立的作文指导，而是联系现实情境的指导。检验学生作文好坏，不是孤立地看作文本身，而是看作文的实际效果。任老师把世界引入写作教学，这个世界就是现实世界，现实的社会、文化、纵横交错的人际关系，还有非常现实的生活常识。

师：我这个外貌特征，要写得准确、具体、生动，但又是相亲用的，用刚才同学的话说，要用褒义词，看了让人舒服，应该怎么写？

生1：老师个子高挑，有一米七六，身轻体健，风度翩翩，很有魅力。

生2：老师高高瘦瘦的，有一种玉树临风的感觉。他戴一副金边眼镜，眼光深邃，气质很好，是大学老师的样子。

生3：老师身材苗条，小脑袋、小眼睛，总是笑容可掬，说话表情很生动、很有趣，看上去很和蔼，一定是位脾气很好的先生。

生4：老师五十多岁，脸上有不少皱纹，有饱经风霜的感觉。成熟、智慧的男人都是这样的。

点评：任老师的指导是关于写作实际功能的点拨（"又是相亲用的"），让学生建立读者意识（"看了让人舒服"）。

师：同学们真了不起。你们前面写我的外貌，虽然准确、具体、生动，但我听了不是很开心，估计也找不到对象。

你们现在写得照样准确、具体、生动，我还特别爱听。这样的文字传出去，那些单身阿姨读了肯定也舒服，会对我产生兴趣，见了面她们也不会说我是骗子。谢谢大家！真是名校的学生，真是了不起。

点评：任老师通过鼓励学生强化学生写作的读者意识，特别点出了这篇征婚启事的读者——"单身阿姨"，点出了文章的功用——"会对我产生兴趣"。

第二个环节与第一个环节相比，有了明显的不同，有实际交流意义——要求学生以"征婚"为目的来描写，这个写作任务既有写作阅读对象——可能来应征的某女性，又有写作活动的交流目的——对描写对象产生好感。

师：把这些文字整理出来，第一是征婚用，估计找对象不成问题了；第二是打印出来留存，亲戚、邻居、辖区派出所那里，都保留一份备用。你们知道为什么吗？

生：为什么？

师：实话告诉你们，我最近老爱忘事，做事丢三落四。咨询了医生，医生说这是老年痴呆的征兆……我把你们写的备着，万一将来走失了，找不到家了，别人可以拿你们写的"寻人启事"找我。你们看行吗？

生：（窃窃私语）感觉有点不行……路人没工夫看。要抓最简洁、最容易辨认的外貌来写，至于具体、生动、比喻句什么的都不要了。

师：好，那我们试试看，怎么来写我的外貌特征。好人做到底，送佛送到西。

点评：表面看任老师好像又卖了一次关子，其实是任老师深知让学生真正建立起基于读者和功用的真实写作行为模式，不是一次性就能完成的，它需要多次反复。于是任老师在此通过用途转换，目标变更，让学生理解不同的写作目的、不同的读者就应该有不同的写法。

于是学生写了如下文字。

生1：五十多岁，瘦高个，戴眼镜，有点秃头，说普通话。

生2：五十几岁，高、瘦，上穿蓝色衣服，下穿黑色裤子，说话带杭州口音。

生3：五十岁左右，高、瘦，蓝衣黑裤，走路有点晃悠，老年痴呆的样子。

生4：身高一米七六，偏瘦，头发稀少，戴眼镜，上穿"探路者"蓝色冲锋衣，下穿"七匹狼"黑色灯芯绒裤子，匡威牌子的运动鞋，左小腿有黑色胎记……

师：不错不错，最后一组写得特别好，你这样的文字，不用说认人了，认尸都没问题了！

点评：任老师关于基于用途的写作指导，成效明显，从上述文字中可以看出学生掌握了基于目的、基于读者的写作要求。

师：梳理一下。大家今天进行了三组外貌描写，就我一个对象，但写出来的差别很大。

第一组，是纯粹地抓特征写出我的外貌，不知道为什么写、写给谁看，有重要信息意义的特征就没有抓住，用词也不考虑感情色彩。

第二组，征婚用的，既要抓住特征，用词上还得是褒义的，看了让人舒服。

第三组，寻人启事用的，大家抓住了一眼就能辨识的特征，因为阅读对象是路人，太具体的，还有生动、传神的内容就没有必要。

因此，以后写作文，除了一般作文要求之外，你们也要问自己两个问题，一是我写这篇作文干什么用；二是这篇作文写给谁看。

也就是注意"功用"和"读者"，考虑了这两个问题，我们写作文的思路和目的就会清晰一点，写起来也方便得多，有趣得多。

更重要的是，这个能力学好了，将来走上社会，我们的作文能力就会真的在生活中派上用场……

点评：任老师紧扣教学目标总结，目的是实现写作能力迁移。同一种意思任老师用了两种表达方式，一种是通俗的语言表达（"干什么用"）（"写给谁看"），其作用在于让学生理解；一种是术语（"功用"和"读者"），因为学校是专业化的教育机构，要让学生学会专业化的表达，可见，二者缺一不可。

师：我还要布置一点作业——其实是我还要大家帮点忙，就是关于征婚的事情，没老伴，我可是真急了。刚才我的外貌是写了，但征婚广告光写外貌够了吗？

生：不够！

师：还要写什么？

生：还要写从事什么工作、年薪多少、家里有没有房子、有没有汽车……还要有联系方法……

师：写联系方法，写手机号码，我有点担心，如果有人开玩笑、乱打我的电话怎么办？

生：征婚文章最后要说明，征婚很严肃，不要开玩笑……再写四个字，"非诚勿扰！"（全场笑）

师：好，征婚文章很圆满了，但文章里面是不是应该插一张照片啊？现在讲究个图文并茂，有图有真相啥的。

生：是的……老师带了照片了吗？

师：我带了几张，大家帮我参谋。

（PPT 打开四张照片：

第一张是周杰伦。

第二张是老师青年时的照片。

第三和第四张是现在的照片。）

我决定用周杰伦的，年轻帅气，和我有点像。要么是我年轻时候的照片——先把相亲的阿姨诓过来再说。

生：不行，相亲时候要穿帮的。还是用老师现在的照片，虽然老了点，但可以用"美图秀秀"修一下。

师：哇，你们太厉害了，图片都会加工。

点评：通过任老师的指导，学生已经学会了将世界纳入思考的范畴，也就是结合现实生活的实际，人们的文化习惯来考虑问题，而不再是纯粹地就作文写空头作文。

师：最后一个问题是，这个征婚文章到哪里去发布好？

生1：到人多的地方，菜市场、公共汽车站、地铁口、电线杆上……

生2：城管要骂的，这样招来的阿姨档次也不够。还是到大学校园里去贴比较好……

生3：要不去网络发布，做网站网页……

师：到时候交上来的作业，不能仅是一篇作文，最好是一个完整的方案——有点子、有程序、有实施的方法和路径，最后还要有注意事项。我拿到它，照你们写的执行就可以了。总之，老师的婚姻大事，后半生的幸福就拜托各位了，谢谢！

点评：本来从写作的角度讲，作文完稿之后，写作活动、写作教学就到此结束了，传统的写作教学都是这样，但是任老师的作文教学不是这样，而是站在把事情做完整的角度来考虑，其实核心素养说到底就是让学生学会做事，把事情做到位，做完整，做成功。于是就有了任老师作文教学的"越界"，让学生考虑图文并茂，好像是越进美术课的界限里，但这样做完全是为了做事；让学生考虑到哪里发布征婚启事，看起来与写作没有任何关系，但恰恰是把事做好不可或缺的一环。这样来看，任老师的再次点拨，就是使学生站在做事的角度，思考更加严密。核心素养下的写作教学和传统的写作教学着眼点显然是不一样的，前者是做事，后者是作文。

总评：

我们先按照传统的评课方式来评这堂课，任老师以自己作为学生观察的对象，创设巧妙的写作任务情境，贴近生活，让学生帮助老师写"征婚启事"，有很强的挑战性，能够唤起学生表达的热情。这堂课可以分成五个部分：开头暖场，单纯的外貌描写，征婚启事，寻人启事，作业。环环相扣的学习活动，体现了执教者严谨的教学思维逻辑。每个环节都直指学习目标，不拖泥带水。比如第二部分单纯的外貌描写，三个小环节，先写准确，再写具体，最后写生动，层层递进，紧扣写作目标，干净而紧凑，不旁逸斜出。

再以今天的视角来评价，这堂课确实是真正的语文学习，真实的写作课。它是真实的而非虚拟的学习，是有用的而非僵化的学习，是整合的而非分离的学习，是开放的而非封闭的学习。一句话，它是指向核心素养的学习。

必须是真实学习。李海林认为，二十世纪五六十年代，写作教学主要是研究写作技巧，即怎么写；八九十年代写作教学研究写什么，研究的结果是写真情实感。他认为，在写什么之上还有更重要的，就是写作动机——"为什么写"。与此相关的问题还包括"写作环境""读者意识""写作成果"，等等。李海林把它概括为"真实的写作"，"真实的写作"不等于"写真实"，后者是指"写作内容"的真实，前者是指"写作行为"的真实，写作行为的真实即写作任务、写作环境、写作成果、写作对象（即读者）的真实性。语文教育研究所所长荣维东把它概括为"真实的言语任务""真实的言语环境""真实的言语成果"。① 他们的阐述和概括对我们不无启发。

创设真实的写作环境

真实学习必须要有真实情境与任务的介入，在写作教学中，教师要创设真实的情境、给予真实的写作任务。任老师这堂写作指导课，情境创设是非常成功的。开始以自己为模特，让学生现场观察自己，描写外貌。第二个环节任老师以自己没有老伴需要征婚，请学生为他撰写征婚启事，情境创设与写作任务紧密结合。第三个环节以自己担心老年痴呆，请学生代写寻人启事，既是创设情境，也是写作任务驱动。特别值得一提的是，教学过程中任老师常常指导学生把社会现实、文化世界引入写作思考的维度，把真实情境与任务背后所包含的"真实世界"直接当作课程的组成部分，以实现语文课程与生活的关联，实现真实的写作学习。而在传统的语文教学中，不考虑写作知识、写作技能在现实世界如何自在地运用，而是抽去现实世界的背景使其抽象化，作为一般性命题、一般性的技能而传授的，这空中楼阁一般的知识、技能，学生不过是形式上习得而已，一遇现实世界就漏洞百出。真实的学习是与世界关联的复杂学习，传统的课堂教师往往会为了明白易懂、不至于乱套，而醉心于单纯化与碎片化，语文教学也常常是这样。所以教学中常有去背景化、去土壤化的现象，这样过分的单纯化与碎片化，恰恰堵塞了学生参与真实学习的机会，所学的容易成为僵死的知识、技能。传统的教学中仅仅关注知识、技能本身，同现实世界、

---

① 李海林. 荣维东. 关于"作文"或"写作"的正名. 中学语文教学. 2009－8.

问题情境是脱节的，因此，学得的知识是不问"来龙"与"去脉"的，充其量不过是技能的操练而已。

建立真正的读者意识

真实的学习在作文教学中要引导学生建立读者意识，而传统的作文教学，学生的作文只有一个永恒的读者那就是语文老师。现在核心素养下的写作教学，面对学生作文，语文老师只是其中一个读者，还有其他因文而异的各种读者，读者情况是学生写作行为的重要依据之一。所谓写作的针对性主要是指针对读者的具体情况，文章怎么写，不能只是作者的单相思，还要根据读者的需要、诉求来进行。教育家夏丏尊说过："所谓好文章，就是达意表情，使读者读了以后能明了作者的本意，感到作者心情的文章。"①"所谓好的文字就是使读者容易领略、感动，乐于阅读的文字。诸君当执笔为文的时候，第一，不要忘记有读者；第二，须努力以求适合读者的心情，要使读者在你的文字中得到兴趣或快悦，不要使读者得着厌倦。"②作者写文章当然不乏自说自话、自抒胸臆、自得其乐，但更多的还是表情达意、为读者而写。

发挥真实的写作功用

真实的学习培养学生真实的素养，真实的素养体现在问题解决上。只有学以致用、知行合一的学习才是真实的学习，学生对于知识的意义的感

---

① 夏丏尊. 文章作法. 浙江文艺出版社. 1983. ［3］。转引自潘新和、郑秉成. 从失真回归到仿真. 中学语文教学. 2010-3【7】

② 夏丏尊. 关于国文的学习. 河南教育出版社. 1987. ［48］。转引自潘新和、郑秉成. 从失真回归到仿真. 中学语文教学. 2010-3【7】

受与理解往往是通过在真实情景中的应用来实现的。写作教学教师既要考虑写作本身的目标，还应该考虑通过写作解决实际问题的目的，即交流的意义。荣维东说得好，"建立基于'交流'取向的作文教学观的意义，在于它有可能真正解决学生的写作欲望缺失，写作内容缺失，以及文章体式、语言等一系列重要问题。""写作应是一种问题解决，不是文本制作。文本制作只是问题解决的副产品。"① 任老师通过情境与任务让学生建立了"交流"取向的写作，写老师，帮助老师解决困难，整堂课学生写作积极性非常高。任老师这堂课把写作教学设计成学习者参与的完整、丰富而具体的真实解决问题的实践活动，这样学到的写作知识、写作技能就是真实的，是在解决现实问题时能够起作用的知识技能。真实的学习是活性的学习，心理学研究表明，大凡在问题解决中有用的、能处于迅速且确凿地被唤起的状态的知识，谓之"活性知识"，而诸多"僵死知识"是作为语言性命题与事实在记忆中储存起来的。任老师让学生在问题解决的过程中学习的知识就是活性知识、活性技能，这样的知识技能在今后遇到情境就能迅速被唤起，也就是说，学生习得的是真实的素养，今后在实际工作中能真实地做事，真实地解决实际问题。

荣维东说："作文课程应回归本源，回到真实。这样的作文不仅仅是'写文章'，也是学习、生活和生命的方式。""这种变革就是将基于'文本制作'的技能训练的作文教学，向'基于真实或模拟真实'情形下的内在和外在生活世界全面回归，这是一种生命和言语技能的双重建构。"② 李海林说："中小学写作教学的关键，就是通过学习取向的写作教学，实现生活

---

① 李海林、荣维东. 关于"写作"和"写作教学"问题. 中学语文教学. 2009-9 [26]
② 李海林、荣维东. 关于"写作"和"写作教学"问题. 中学语文教学. 2009-9 [26]

取向的写作教学目的。"①

自由的教学是指向素养的学习。

《德国史》课，老师放映 1945—1994 年间发生在德国的重要事件的纪录片。老师给学生三张纸，学生边看边在纸上做记录，偶尔老师穿插一个问题，或者一点解释，学生们简单讨论几句。第一张纸让学生开放性地记录电影中的事件以及主要信息；第二张纸让学生在一个时间轴上整理这些关键事件，并将美、苏、英等国的对德主张与政策也整理到这个时间表上，梳理其中的逻辑与线索；第三张纸上有若干政治家演讲词的句段，每一句段后老师设问：这是谁的演讲词？什么时间发表的？他为什么这样说？这一演讲的意义和标志是什么？

课堂上，老师没有侃侃而谈，言语占时不到 10%。只有学生的默默观看、记录、整理和间或的讨论。学生的学习是怎样发生的呢？老师又该怎样支持和促进学生的有效学习呢？老师没把具体历史事件作为学习目标，而把观看、记录、思考、整理的过程所带给孩子的历史观与方法论的影响视作第一学习目标。

老师的主要作用体现在：一是纪录片的剪辑，二是三张"学案"的设计。以核心知识（方法）、简洁的"学习设计"来促成本质意义的学习的发生。

这节课是本质意义上的真实学习，学生所学是有用的，而不是僵化的；学生所学是专门的知识，而不是普通的知识；学生所学是真实的知识，而不是虚假的知识；学生所学的不仅是知识，而且是素养。一句话，这节课做到了面向问题，掌握方法，解决问题，形成素养。学生在课堂上学习，最怕的不是没有学到知识，最怕的是满脑子被灌输了标准答案，最怕的是

---

① 李海林、荣维东. 关于"写作"和"写作教学"问题. 中学语文教学. 2009-9［27］

满脑子虚假的知识。而这节课让学生掌握的是历史方法和历史方法论，让学生学会在纷繁芜杂的历史中筛选出重要的信息，让学生学会理清历史的逻辑脉络、逻辑线索，让学生学会对重要历史人物的重要观点做出科学而恰当的评论。

唯有如此课堂，学生才能真正懂得历史的意义所在，才能了解历史的真相。必须通过设计"真实情境下的学习任务"，"没有标准答案又有限制条件的开放项目"，不断让学生亲历这种探索的过程，搜寻对立与模糊的观点争论，在不断求真求善求美中前行，学生才能形成核心素养。学习的核心在哪里？在学生思想发生的地方，在学生知识形成的地方，在学生情感涵育的地方，在学生素养生长的地方。

评价课堂，不能仅仅看教师讲解的精彩度，更要看学生思维的参与度；不能仅仅看教学环节的完备性，而更要看课堂教学结构的合理性；不能仅仅看课堂教学的活跃度，而更要看每个学生是否真正进入学习状态。

课堂教学的行为目标

每堂课都应该有教学目标，何为目标？目标就是想得到的结果。目标有三个层次：一是教学目的，即那些综合性的、长远的、需要很多年才能实现的目标。如"让学生成为终身学习者"，"让学生在数学方面有成就"。二是单元教学目标，即一个单元的教学目标计划。如学生能解释数据的不同形式，学生能识五线谱。三是课堂教学目标，即每堂课的教学目标，如"学生了解第二次世界大战爆发的三个原因"，"学生能做两位数的加减法"。课堂教学目标，就是课堂想要达成的结果，即学什么、学会什么、学到什么程度。课堂目标的意义，刘伯承曾经说过打仗"五行"——"任务、时间、地形、敌情、我情"，"五行不定，输得干干净净"。仿照刘伯承的表述，课堂教学也有"五行"——目标、时间、地点、学情、教情。"五行不定，输得干干净净"。

课程改革之前，教师备课的时候，写在教学设计（教案）上的"教学目标"常常是把教学内容罗列在目标中，即以内容代替目标。这体现了传统的教学观念，传统的观念认为教学就是知识的传授，教学的主体是教师，教师把教学内容传授给学生就是教学的全部过程。例如，有教师把"美国内战""一元二次方程""运动定律"这样的概念作为教学目标，每个目标没有行为主体，没有行为界定，描述的都只是教学中涉及的主体内容，或者知识章节标题。以"美国内战"为例，至少应该明确：学生应该了解内战的起因吗？学生应该了解哪位将军指挥的哪场战役吗？学生应该了解南北双方的优势和劣势吗？学生应该用自己的话解释为什么葛底斯堡战役是战争的转折点吗？还有的老师把教育目的当作课堂目标，如合理利用课余时间，追求终身学习，成为好公民，等等。这种表述太抽象、太复杂，学生在一门课里根本无法实现，这些是目的，而且是比较宽泛的目的。

课程改革之后，教师们接受了以学生为主体的基本理念，接受了课程的三维目标，于是教学设计就直接把课程目标当成教学目标，知识与能力、过程与方法、情感态度价值观，成了大多数教师教学设计中的目标表述。这种表述方法也十分机械，因为三维目标不是三个目标，也不是三种目标，不是三样东西，三维目标是三位一体的目标，是一个目标的三个方面。

那课堂教学目标到底应该定位在什么上面？我以为应该将课堂教学目标定位在学生行为上，即聚焦学生行为。课堂教学目标的设定必须聚焦于学生行为及其达成，因为只有学生才是学习主体，教学的过程就是学生学习的过程，学习的过程就是学生的行为过程，只有学生行为才能真正激发学生思维，只有学生行为才能促进学生思维，学生思维反过来激励并促进学生行为的有效达成。教学设计（教案）要写"教学目标"，这个教学目标即"行为目标"，不要再机械地逐一写出所谓的"三维目标"。具体教学环节就是将行为目标的落实过程与具体方法写出，可以将课堂教学目标（用学生行为来表述的目标）做若干分解，或部分分解，或阶段分解，然后把过程、方法相应写出（即设计出来）。

为什么要以行为目标代替"三维目标"？因为行为本身就承载了知识与

能力、过程与方法、情感态度价值观，是三位一体的。没有脱离三维目标的孤立的学生行为，三维目标也只能通过学生行为来体现并落实。行为目标的主体是学生，这就充分体现了学生是课堂学习的主体，概括说来就是：学生在课堂里做什么事（行为即做事）？达成什么（即完成什么学习任务）？知识习得与能力掌握都是在行为中实现的，因此行为即体现了知识与能力目标；过程与方法，所谓过程即行为过程，方法即完成行为的方法，所以行为也体现了过程与方法；情感态度价值观，从来没有抽象的情感态度价值观，它们都是表现在具体行为之中的，行为之中包含了情感，也包含了态度，还包含了价值观。豪恩斯坦认为教育界存在认知、情感、技能三大领域的教育目标各自为政的现象，三者之间缺乏关联，犯了要素主义的错误，因而他主张增加行为领域以统合认知、情感、技能三大领域。所以，一个行为目标可以把三维目标全部囊括，而且更加具体，更加清晰，可操作，可实现。相反，如果机械地按照三维目标表述，其结果可能是在课堂中既无法操作，也无法实现，更无法检测，比如情感态度价值观就无法在一堂课里得到检测。

行为目标的表述包括：1. 成就的证明，即用可以观察的学生行为来表述。核心概念是外显的行为动词，如：学生列出……学生定义……学生计算……学生演示……2. 行为条件，学生完成行为所必需的条件具体化。例如：学生能借助什么完成什么。简单模式：学生能+……（借助什么）+……（可观察到的行为）+……（内容）。如果再进一步具体化，要把水平要求罗列出来，即要有数量概念、时间概念、质量要求。如学生对所学单词的拼写准确率要在90%以上；不看笔记，学生应写出引起第一次世界大战的5个主要原因，并对每个原因进行评论性的解释，全部完成时间为30分钟；在一个平面上，学生要在3分钟内做15个兔子跳的动作；10道两位数应用题，学生至少能够做对八道；看了水循环图后，学生能用自己的话解释什么是水循环，错误不超过两个；给出一段不超过 20 行的英文文章和汉英字典，学生能够在 5 分钟内将其翻译成中文，错误不超过 6 个……这样的目标要求才非常清晰、精确。

行为目标要表达的就是：学生在课堂里做什么？达成什么？（这就是行为目标）完整地说就是教师要思考课堂里学生在什么条件下、借助什么资源、用多少时间、完成多少事，完成的质量要求是什么？（这就是行为目标的水平要求）课堂目标即行为目标，要包括行为主体、行为本身。这其实也是核心素养下的课程思想的体现，关键能力即能做成事；必备品格即愿意并习惯做正确的事；价值观念即寻求或坚持把事做正确。最终都是落在做事上，就是落在学生行为上。

以下是教师课堂目标的案例：1. 结合"队列表演"的具体情境，利用点子图探索两位数乘两位数的计算方法，理解算理。2. 经历交流各自算法的过程，体验算法的多样性。3. 会使用表格计算两位数乘两位数。

上述三个目标表述，我以为 1 和 3 两种表述相对较好，好就好在比较具体。第 1 种表述把行为条件罗列出来，"结合……情境""点子图"，第 3 种表述也是把行为条件"表格"罗列出来，这就做到相对具体了，而第 2 种表述不够清晰，比如"算法多样性"应该具体指出哪几种算法，那样就更具体一些。上述三种表述方法也有不足，它们都缺乏水平要求的规定，假如能够把完成行为的时间要求、数量要求、质量要求进一步明晰，那就更加清晰了。目标越清晰，课堂效率越高。

维果斯基说："教学难度和内容低于学生现有的发展水平，不会促进学生的发展，教学是无意义的，而潜在水平以上是学生无法达到的层次。"因此，他认为，最好的教学应走在发展的前面，教学目标的制定应关注儿童发展区域的上界。课堂教学的目标设置最难的地方就在这里，需要老师深入了解学生实际情况，准确地把握学生的最近发展区，科学合理地设置教学目标。

小议课堂教学目标

基于核心素养的课程改革最终要落实在课堂教学，课堂教学是否能够高效地实现培养学生的核心素养这个根本目标，取决于教师的教学水平，而课堂教学能力有一个重要的环节，就是课堂教学目标。一般说来，教师都知道教学必须设立明确具体的教学目标，但实际教学过程中，总是出现各种各样的问题。

语文课《在柏林》，老师一开始就亮出一个核心问题：短篇小说难写，难在哪里？同时出示任务单，提出本节课的任务要求：1. 记住核心问题，请大家利用学习单回答终极问题。2. 合理记录，用不同颜色的笔划出你们认为的重点内容。3. 设计一种合理的方式将这个任务学习情况分享给其他组同学。4. 任务时间 5 分钟。课堂教学的起始阶段就陷入一个矛盾，这堂课的教学目标到底是教读，还是教写？看核心问题，好像是教写；看任务单，好像是教读。如果目标定位在教读，那么应该侧重于理解鉴赏；如果目标定位在教写，那么一般要安排学生练习写作。实际课堂教学过程中，教师带着学生依次讨论了小说的环境描写、情节结构、人物性格，等等，这种散点式取材方式极容易导致泛泛而谈，停在课文表面，因此伤其十指，不如断其一指，与其面面俱到，不如突出重点，做更深入地分析讨论。可见课堂教学目标的确立就应该做到集中、具体，不能面面俱到，更不能相互矛盾。

财商课《未来职业——劳动与个人收入》，站在课程的层面思考，我们是着眼于学生获得知识，还是培养学生选择职业的素养？其实执教老师是矛盾的，从课的标题来看《未来职业——劳动与个人收入》，再从课堂结尾的问题"未来会产生什么职业"来看，很显然执教老师是想培养学生选择职业的素养，教会学生选择未来职业。如果以此为目标，那么教师在课堂上就应围绕选择职业的素养创设情境，让学生明确未来社会发展走向及其对未来职业变化取向的影响，将学生带入情境，让学生获得体验感。选择职业涉及两个维度：职业本身的特性、自己的价值取向，这两个维度的共性之一就是劳动与个人收入。但就老师整堂课的执教内容来看，基本上内容都聚焦在知识的辨析，现金流，现金流入，现金流出，工资性收入，经营性收入，转移性收入，等等，大量的概念辨析占据了课堂的主要时间段。很遗憾，这堂课的目标定位与教学内容不匹配，忽此忽彼，结果自然是顾此失彼。

地理课《印度》，从课程的层面看，欧美发达国家在人文社会学科方面的教学，主要的目标指向是让学生习得相关的研究方法，所以欧美发达国家的教学方法就是设定专题，教给方法，学会研究。执教老师将主要的学习内容定位在印度的人口与印度的经济，这属于社会学范畴，因此这堂课的教学目标就应该让学生掌握社会学的某一个方法，掌握某一种研究的基本方法，这才是课程的目标所在。基于这样的目标，组织进行真实的学习，是指向核心素养的方法。所以课堂教学目标的设置一定要站在高位，站在课程的角度，站在核心素养的角度，来确立课堂的具体目标。

科学课《实验设计》，这堂课的目标定位在让学生掌握基本的实验设计方法。这个目标的设立是有意义的，因为教学生如何设计实验，其实也是在教学生思维方法。这堂课的内容是现行教材所没有的，但是对学生核心素养的培养是十分重要的，从课程的角度而言，属于内容重构。

目标确定之后，后面的教学必须紧扣目标来组织进行，否则目标与教学各自为政，目标就成了虚晃一枪。以英语课为例，既然执教教师确定了将歌曲引入写作训练这一目标，那么教师在布置写作任务的时候，就应该要求学生将写作内容与歌词联系起来，这样就让歌词与写作联系起来了。用歌词干什么，说到底就是将学生的口头语改换成优雅的书面语，这时候教学过程的训练就是一个难点，因为这里存在一个先后逻辑顺序：先熟读，句子熟读成诵，然后再模仿造句，最后再联句成段……难就难在循序渐进。

要实现课堂教学目标，教师要掌握一个基本功，那就是要驾驭课堂，驾驭课堂其实最主要的就是要把握课堂行进的方向，然而在课堂教学进程中偏离目标是常有的现象。今天我们说尊重学生，是完全正确的，但尊重学生不意味着课堂无序，更不是课堂混乱、凌乱、散乱，课堂教学必须在有序的情况下进行，无序则无效，这是课堂教学的基本常识，也是基本经验。教师掌控课堂的能力不是一蹴而就的，它需要一个过程。驾驭课堂，不同于驾驭烈马，不是用力量驾驭，而是应该用清晰的思维，用知识，用智慧，用爱心，用经验，用人格魅力，用语言，等等，让孩子自觉地围着课堂教学目标来进行。

课程目标的课堂实现

学校提前带着部分骨干教师研发课程，研发的主要工作目标是国家课程如何校本化实施，同时开发跨学科、超学科的学校课程。经过前期的研发，我们进入课堂试教阶段，试教的一个重要意图就是验证课程目标的课堂实现，课程目标的课堂实现是有规律的。

1. 教师教学的课程意识。每位老师每一次上课、上的每一节课，出发点都是课程目标，通过课堂教学来验证我们的课程目标、课程研发思路是否正确。如果研发的思路是正确的，那么如何在课堂里有效实现我们的课程目标就是关键，所以每一节课都必须是建立在课程理念、课程思想、课程设计的基础上来策划这一节课的教学，如果是国家课程，我们首先要考虑的就是国家课程如何实现校本化实施。举例来说，英语课，W 老师所设计的英语课程改革实践的方向是让英语学习与现实生活相联系，与世界相联系，老师在课堂上让学生调动各种感官与生活联系，创设情境让学生回到生活，比如让学生听声音辨识动物，说说自己的感觉；让学生触摸动物，说说自己的感觉。这样一来打破学科界线，将英语与数学、生物、绘画等学科融合，创设情境，让学生置身于现实生活之中。语言的学习不能脱离具体的生活情境，在情境中的语言运用才能建构学生真实的语用能力，这堂课就很好地体现了课程目标。所以说语言的外延和生活的外延相等，说的就是这个道理。课程实验的研究课，就是要有课程的意识，首先应确定我们的课程实验的方向到底是什么，然后再确定整堂课如何实现这一课程实验改革的目标。

2. 课堂教学的思维增值。课堂既要让学生由不知到知，更要让学生思维增值，所谓思维增值就是让学生的思维水平在原有的基础上有所提升。而课堂上师生的问题，以及围绕问题所做的讨论就是思维提升的关键所在，讨论过程中教师适时的追问和点评就是让学生思维提升的一个重要方法。课堂上其实可以基于目标设计许多有意思的环节，如课堂上老师让学生看图想象，说出自己的感觉，如孩子们读了猫头鹰的图片之后，各自看图说出不同的理解、不同的联想，有的同学看出祥和的眼神，有的同学看出凶狠的眼神，有的同学说这是猫头鹰捕猎之前的眼神……这个时候教师需要适度地追问和即兴的点评，教师或者让学生说出自己的逻辑思维过程，或者点评学生之间角度的不同来启发学生的思维，提升学生的思维。有时候教师在课堂教学的那一个瞬间一时反应不过来，这也正常，可以让其他学生先评，以此启发自己，或者在几个同学讲完之后，教师发现相关问题，然后总地点评。再举一例，Z老师的一节信息技术课，整节课就是学习相关的知识，学生由不知道到知道，这当然也有意义，但从更高的要求看，整堂课从思维的角度而言，几乎没有思维难度。没有思维难度，就没有思维挑战；没有思维挑战，就没有学生思维的切实提升。事实上在整堂课的进程中是有值得追问的地方和挖掘的地方的，也就是说客观上在教学进程中是有问题的，比如学生发现算法不同，而填图却是一样的，这是为什么？教师完全可以让学生讨论讨论，大凡矛盾的地方常常就是我们应该追问的地方。

3. 课堂教学的结构合理。既然我们课堂教学是围绕课程目标、提升学生思维，那么我们就不必一定要追求课堂的完整性。大凡公开课，执教的老师总是希望让观课的专家、同行对自己的课有一个完整的印象，这点本无可厚非，但是执教公开课一般来说，教师教学设计总是费尽心思，充分挖掘，结果常常导致课堂教学内容比平时多出许多来。我们都知道，客观上一节课的课时是有限的，这就会产生矛盾，内容多，而课时不足，我们就面临取舍：我们是追求课堂完整，还是追求课堂结构合理？很显然，在陌生的学生面前，我们教师事先的任何预设都有可能是不准确的；即使是面对熟悉的学生，预设也未必是完全合乎实际的。课堂如果是真正尊重学生，就必须以学生的实际情况为基本依据，不必把事先设计的教学内容全部完成，而是要基于学生实际情况做出适当改变，只要结构合理就是正确的，而没有必要刻意追求一节课的完整性。刻意追求完整性，势必要忽略学生的实际学情，拼命地追赶进度，许多环节都可能是点到即止，深入不下去，学生只能吃夹生饭，或者一部分同学根本没有跟上教学节奏，似懂非懂，或者是完全没有理解教学内容……这样为完整而完整的教学不但是无意义的教学，而且是有害的教学。

总而言之，课堂教学要有课程意识，应站在课程角度设计课堂教学；课堂教学的目标指向就是要让学生的思维增值；课堂教学重在结构的合理性，而不必一定要追求课堂的完整性。

课堂教学开头

新课程改革以来，各种名师悉数上台，公开课，示范课，观摩课，研究课，不一而足，一线老师们起劲地观赏了名家名流风格各异、流派不同的教学，也学到了一些课堂教学经验、教学技巧，比如课堂教学开头要创设情境，于是教师们上课再不是开门见山、直截了当，而是开始创设情境了，但是在实际教学中却出现了不少问题。

一、无逻辑的情境创设

所谓无逻辑情境创设，也就是教师所创设的情境和实际教学内容没有必然的逻辑关系，牵强附会地创设无关联情境。例如，有一位老师借班上课，一上来模仿名家的方法，向同学们提出了一个莫名其妙的问题："同学们，你们猜猜看，我姓什么？"例如，有位特级教师上公开课，课前为活跃气氛，问学生："你们一定最想知道一件事是不是？"学生没反应，大概没有"最想知道"什么。教师只好再次追问："你们最想知道什么？"终于有个学生说："最想知道老师要教的是哪一课。"这不是这位老师所想要的东西，他只好自话自说："你们难道不想知道我来自哪里吗？"教师姓什么与这堂课的教学毫无逻辑关系，老师从哪里来与这堂课也没有任何关系，这样一种生拉硬扯的方式，不但无助于导入课堂，而且影响整堂课的教学效率。

案例一：

一位教师上"利息"一课，创设了如下情境：

"过年了，同学们最喜欢的是什么？"老师希望学生说压岁钱。

学生七嘴八舌地说喜欢放鞭炮、走亲戚、玩个痛快，就是不说压岁钱。

老师没辙了，只好自己说出压岁钱，然后又不辞辛苦地问了一句："你们拿了压岁钱后会怎么办？"老师希望学生说存银行，因为存银行，就把这堂课的课题"利息"引出来了。

学生说交给妈妈、买学习用品、支援贫困地区，老师所期盼的答案"存入银行"就是没有人说，教师只好自己说出来。

这位教师设想的情境是这样一种逻辑：学生喜欢什么——压岁钱——压岁钱怎么办——存银行——存银行的结果——产生利息，于是引出课题。但第一个环节就没有必然性，一旦学生的回答中没有喜欢压岁钱这个答案时，这个推演过程就无法进行，于是教师只能强行推演；第二个环节又一次失败，学生所回答处理压岁钱的方式，并不是教师期望的答案，于是尴尬自然产生。表面上看好像有逻辑关联，其实前后没有必然的逻辑联系。现在有些老师的课堂就是这样，不再开门见山，而是无逻辑地绕来绕去。三分钟绕过去了，五分钟绕过去了，还没切题，纯属浪费时间。

二、不得体的情境创设

所谓不得体的情境创设，就是教师所创设的情境不但与教学内容没有逻辑关联，而且很不自然，很不得体，直接破坏课堂教学气氛。例如，有一女教师，课前手持话筒对着台下听课大军大声问："同学们，你们觉得我长得漂亮不漂亮？"开始时学生莫名其妙，后来明白她的意思，只得响应，但回答得不够大声。显然她不满足，于是她又连续追问三次，终于民意被强行阉割，学生们大声说"漂亮"，她才罢休。教师漂亮与否与课堂教学没有必然联系，而且强迫学生在大庭广众之下赞美执教教师漂亮，既不民主，也很做作，明显是模仿歌星、影星的做派，把上课当作表演。

案例二：

一位年轻的男教师借班上课，一上来向学生提出了一个匪夷所思的问题："同学们，你们看我长得怎么样？"这个问题学生实在无法回答，说老师长得帅，其实老师也不帅；说老师长得丑，其实老师也不丑。

学生沉默，教师只好自己回答："我很丑。"这个老师明显不丑，这句话明显是自我贬损，他说这句话不是目的，而是为了引出下一句话来："但我很温柔。"一个男教师，何以要如此？他说这句话还不是目的，而是为了引出下一句话来："希望同学们能够在我温柔的课堂上诗意地栖居……"说得人鸡皮疙瘩都起来了。

这位教师的初衷很显然是要暖场，也就是创设温柔而有诗意的课堂气氛，但结果却截然相反，很不得体，非常做作，课堂气场完全被教师的这几句话破坏了。课堂教学的开头创设情境固然重要，但一定要自然，一定要得体，千万不能做作，不能为了开头而开头，不能为了创设情境而创设毫无意义的伪情境。

三、无视学生的情境创设

所谓无视学生的情境创设，是指教师创设的情境视角不是落在学生身上，这种情况在公开课里常常会出现。今天的公开课常常演化成教师的表演课，课原本是为学生上的，但在公开课、示范课、竞赛课则不然，它变成了为教师上的，是为了展示教师自身的素质，展现教师的教学水平、教学艺术，于是教师成了主角，学生成了教师表演的配角。这种情况下的情境创设必然是无视学生的，可谓目中无人。

课堂开头导入的方式方法多种多样，有温故知新导入法——让学生在复习旧知识的过程中导入新知识；有趣味导入法——讲一些与教学内容有关的游戏和趣味问题，让学生在欢乐、愉快的课堂气氛中开始学习；有故事导入法——适当引入一些相关典故，往往能激发学生学习兴趣；悬念导入法——以悬念激起学生的好奇心，使之产生强烈的学习欲望；实践导入法——组织学生进行实践操作，通过学生自己动手、动脑去探索知识、发现真理。不管什么方法，关键是教师应该目中有人，应该讲究情境创设的逻辑关系，且自然得体。除此之外，更重要的是教学总是与教师的人格魅力有关，课堂开头也不例外。

案例三：

一天上课铃声响了好久，还有几个同学没来，老教授按照惯例点名，当他叫到"秦明"时，没有人回答，老教授连叫三声"秦明"，依然没有人回答，他稍稍抬起头，从老花镜后仔细看了看全班同学，然后纳闷地说："这个人是不是人缘很差？怎么连一个朋友也没有？"引起全班同学哄堂大笑。

这个案例说明，教师幽默感非常有益，能化紧张为轻松，营造一个自然和谐的学习氛围。比如著名书法家启功先生的开场白就很有意思。平时爱开玩笑，上课也不例外，他的第一句话常常是："本人是满族，过去叫胡人，因此在下所讲，全是胡言。"引起笑声一片。课如其人，启功先生是个幽默风趣的人，所以表现在课堂上，也是轻松自然，师生和谐，其乐融融。

案例四：

一个老教授到一个新的班级上第一堂课，有经验的老师都知道第一堂课不好上，因为教师第一次见到学生，学生第一次见到这位教师，双方因为第一次见面，会有一种莫名其妙的紧张，所以第一堂课一不小心就会上得很硬，上得很不流畅，上得很不爽。

上课的铃声响了，这位老教授走到讲台中间，一般情况下，老师应该喊："上课。"班长喊："起立。"老师说："同学们好。"学生说："老师好。"老师说："请坐，今天我们开始学习语文课程论，今天这堂课我们讲第一章第一节第一个大问题的第一个小问题。"但是这个老教授不是这样开头的，上课的铃声响了，老师站在讲台中间，喊："上课。"班长说："起立。"老师说："同学们好。"学生说："老师好。"按照常规老师应该说："请坐，下面我们开始上课。"然而这个老教授不是这样的，而是用眼睛把所有同学全部扫描了一遍，说："错了，你们喊我喊错了。我是你们老师的老师，你们应该喊我什么？"全班同学异口同声地说："师爷好。"

这个课堂开头情境别开生面，同时又非常自然得体，一个"师爷好"一下子把学生和老师拉近了，老师和学生因为第一次见面而产生的紧张顷刻间烟消云散了，师生进入了和谐的气场当中了。老师觉得学生很可爱，一呼即应；学生觉得这个老师很好玩，老顽童一个。课堂既是一个物理的场，也是一个人际关系的场，需要教师用心去营造，不必刻意伪造，只要轻松自然。

老师，你能不能换位想想

在微信朋友圈看到杨绛先生曾经写过的一句话："当你身居高位，看到的都是浮华春梦；当你身处卑微，才有机缘看到世态真相。"一下子想到教师教学，我忽然觉得，课教得好的老师都是能够站在学生角度思考教学问题的人，反之，课堂教学有问题的多半都是没有站在学生角度思考问题。教师的教学永远是为学生服务的，为学生服务，你就应该思考学生的感受，想想当初你当学生时，你希望老师怎么上课，怎么教学。事实上在现实教学中，我们一些教师常常忘记了自己当初做学生时的感受。

我听过一节世界史课，这堂课有三个环节，三个环节都是属于信息筛选类型的。第一个环节，关于组成文明的五大特征，教师边问边答。第二个环节，是关于文明社会的基本要素，教师也是边问边答。第三个环节，让学生就希腊文明填写相关文明社会基本要素的表格。

首先，站在学生的角度，学生得知道教师这堂课主要目标是什么，让我们干什么，让我们达成什么？整堂课教师都没有明确地告诉学生目标，因此学生目标不明，糊里糊涂跟着老师走。其实即使让学生填表，教师也应该告诉学生为什么要填这个表，这个表的意义何在，学生们需要在多少时间内完成，并计时计分，对于提前完成的，给予奖励。

其次，站在学生的角度，学生还要知道老师的指令到底是什么意思。现在有许多教师的课堂教学指令含义不明，比如老师在课堂上提出问题，但并不要求学生回答，而是自己边问边答。老师一边提出问题，一边自己解答问题，完全属于自问自答，学生不明白教师的指令到底何意，到底要不要我思考、要不要我回答。教师这样一种话语方式，似问似答，非问非答，说是问题，但又不要学生思考，甚至无须学生回答；说不是问题，它又常常以问话的方式出现。而且教师的问题常常是细碎化的问题，甚至于教师常常是把一句话拆开来说，拆成问题来说，一堂课下来，教师这样的问题多达几十个，全是碎片化的，学生无法明确教师课堂里这么多的问题到底指向什么核心问题，因此无法建立整体概念。课堂是师生之间的互动行为，互动方式之一就是对话，对话就是要有来有往，清晰明确，糊里糊涂的话语方式，会导致学生糊里糊涂的学习结果。

第三，站在学生的角度，学生要知道这堂课的逻辑关系、逻辑脉络到底是怎样的，也就是说教学内容要结构化。为什么要结构化？结构化的目的在于方便学生理解，方便学生掌握；结构化的方式可以利用思维导图，把一堆的内容条理化，理清楚，把它们之间的关系梳理清楚。

第四，站在学生的角度，整堂课教师没有提出让学生深度思考的问题，学生完全停留在浅表层面上的信息筛选，缺乏有质量的问题，对学生而言就缺乏挑战，学生情绪容易疲乏。浅层次的信息筛选和深层次的问题应该交互进行，张弛有度，难易有度，节奏感明快，这样学生学习积极性才会比较高。

第五，站在学生的角度，学生想知道教师的评价、好恶原因何在。我听过一节语文课，教师让学生就《沁园春·雪》提出一个问题，学生逐一提出问题，对于其中一个问题，老师连连夸奖，用语极度夸张，但问题是学生根本没有明白为什么这个问题非常好，好在哪里。其实教师完全可以让学生猜猜教师为什么高度肯定这个问题，卖个关子，让学生产生兴趣，从而实现对学生的教育。因为本堂课的教学目标就是让学生学会就课文提问。

第六，站在学生的角度，教师给出的信息一定要具体明确，否则学生就云里雾里。仍然是前面《沁园春·雪》的课堂当中，当学生提出问题之后，教师的毛病又出现了，好为人师，好显摆，开始讲解起来，什么目的论，什么机械论，教师在讲解的过程中说，不跟你们讲逻辑定义，只是给你们举例子。但我们知道所有的例子都是有缺陷的，常常是以偏概全的，这个老师用打桌球来解释机械论，那么这个例子的弹性就很大，可以从多方面去理解，比如可能会被理解为"事情发生的整个过程"，但是否正确，让人不得而知。而最后教师把"这首词在后世有多大影响"这个问题归为机械论，就让人非常费解。面对初中学生还是必须明确，云里雾里，学生似懂非懂，教学效率将大打折扣。正确的方法是教师必须扣住机械论的特征来解释这个例子，让例子与原本含义相一致。当让学生评说问题，但学生说不出所以然来时，不如让学生给问题归类，其间教师还可以做出相关的提示，比如问话的着眼点，问话的方向，等等，最后教师再来讲解目的论、机械论、文学本体论、历史本体论，给学生高屋建瓴的启示。

教师永远是为学生服务的，教师的教学永远是为学生的学习服务的。既然如此，教师就应该想想学生的感受，想想学生的希望，想想学生对教师的期盼……

课堂教学要目中有人

新课程改革以来，随着大量的教师培训，几乎每个老师都会说"一切以学生发展为本""课堂教学要基于学生、为了学生、服务于学生"，但先进的理念不能只是出现在口号里，不能只是出现在论文中，思想理念更应该实实在在地落在课堂实践当中。我们不无遗憾地看到在实际教学中，有些地方有些教师也出现了理念不能落地，先进思想不能在课堂中充分体现的现象，这值得我们反思。

故事一：

小学二年级的学生正在学习《带着尺子去钓鱼》一文。文中说，在丹麦，钓到 22 厘米以下的鱼必须放生，否则会受到严厉的惩罚。教师提问学生："他们会受到怎样严厉的惩罚呢?"老师问话的逻辑重音落在"严厉"一词，孩子们经过多次训练已经非常清楚，教师问话的逻辑重音落在哪个词语上，哪个词语就是答案的方向。第一个学生大胆想象："把钓鱼人丢进海里! 没收他所有的钱!"老师一听不是答案，就摇了摇头。第二个学生立刻加码："让他坐牢 20 年。"老师还是摇头。学生心想肯定是严厉程度不够，第三个学生说："判他无期徒刑。"老师还是没有反应，仍然摇头。看样子不枪毙是不行的了，最后一个学生说："枪毙!"……

我们怎么来评价这堂课呢? 用一句话概括就是"这堂课没文化"。这堂课的教学目标之一是让孩子们懂得公民要遵守法律，但孩子们回答的内容恰恰是草菅人命、无视法律，教学行为与教学目标完全相反。从教学技术的层面上讲，这节课老师在不该设置问题的地方设置了一个问题，在孩子们回答问题偏离轨道的时候，没有立即加以纠正。从教学理念的角度讲，教师无视学生，目中无人，没有根据学生的情况加以指导，任其自然，教师基本失职。黄炳煌先生曾经说："打高尔夫球，只要自己打得好即可; 打网球，还要留意对方，有来有往; 打篮球，还要兼顾团队成员的合作。"我们有一些教师采用的就是有去无回"打高尔夫球"式的教学法，只管自己讲，不顾及学生反应。教师应该关注学生的反应，教师还应该鼓励学生团队合作。

故事二:

一道语文试题: "一个春天的夜晚，一个久别家乡的人，望着皎洁的月光不禁思念起了故乡，于是吟起了一首诗。这首诗是什么?"

有一个学生答: "举头望明月，低头思故乡。"

老师给了一个大红的×。

老师的标准答案是"春风又绿江南岸，明月何时照我还"。

这也是十分典型的目中无人的错误，教师根本不去分析学生答案的正确与否，只知道按照所谓的标准答案批阅试卷，但标准答案并不标准，并不是唯一答案，教师不去分析学生答案是否有合理性，就草率给出评判，造成笑话。目中无人的现象比较常见，比如有的老师上课基本不看学生，看天花板，看远处，就是不直视学生。有人曾经做过调查，问学生：你在课堂上是否能感受到老师与你有眼神的交流？回答"总是"的，只有8%的学生，就是说不少老师课堂上基本不看学生的眼睛。眼睛是心灵的窗户，优秀教师借助看学生的眼睛，基本可以判断出学生当时的思维状态，教师因此可以适时加以调整，从而实现针对性的教学。全国著名语文特级教师于漪老师说过："有眼力的教师看学生总是巨细不漏，越是细微之处，越不让它在眼皮底下溜走。撇一撇嘴，脸上掠过一丝笑意，目光中突然出现某种异彩，这些细微的表情、动作瞬息即消逝，教师如果能迅速地捉住，和彼时彼地联系起来思考分析，就可窥见学生心中的'那一角'，窥见他们对某些问题的所见所思。"窥见那一角，教师就可以调整自己的教学。

故事三：

有位年轻漂亮的女教师上一堂古代诗歌复习公开课，这位教师煞费苦心，设计了一个很好的开头，出了一个上联"同学是小荷才露尖尖角，早有蜻蜓立上头"，要求学生用学过的古诗对出下联。这是一个完全开放的题目，而且可以调动学生的记忆，起到复习古代诗歌的作用。有位学生说："老师是春色满园关不住，一枝红杏出墙来。"当时听课老师哄堂大笑。执教老师非常尴尬，脸颊绯红，不知如何是好，她不自然地说："怎么能说老师是红杏出墙呢？"结果引来听课老师们更大的笑声。

这位教师确实认真备课了，开头出的题是好题，却没有上好。没有上好的原因就是她只备课却没有"备"学生，她没有事先设想一下学生可能怎么回答，自己应该如何应对，还是目中无人。青年教师没有经验可以理解，如果是有经验的中年教师上课，课堂教学过程中学生出现意料之外的答案是常有的事情，尤其是开放性的题目，学生越位出格很正常，作为教师应该沉着冷静，应该问问学生为什么这么回答，把学生的思维过程搞清楚，就能针对性地加以指导。课后问这个学生为什么这么回答，这个孩子说："老师心地善良，待我们很好，而且老师长得像杏花一样美丽，今天有这么多外校老师来听课，说明老师影响在外，那不就是红杏出墙了吗?"这个学生的错误就在于不知道在中国传统文化当中，"红杏出墙"还有另外一层含义。明白了学生的错误，教师就可以针对性地指导了。苏霍姆林斯基说："在每个孩子心中最隐秘的一角，都有一根独特的琴弦，拨动它就会发出特有的音响，要使孩子的心同我的讲话发生共鸣，我自身就需要同孩子的心弦对准音调。"对准音调，才能有效教学。

于漪老师曾经说过："目中有人难，心中有人更难。心中有无学生，是道德修养高低的问题。"确实如此，教学的细节问题，反映的却是教师的理念问题，反映的是教师的修养问题，反映的是教师心中是否真的装有学生，心有学生，就会处处为学生考虑，为学生着想；反之目中无人，只有课本，只有知识，没有学生。于漪老师说："教学当然是以教材为依据来教学生。然而，在教学过程中，手中的书和面对着的人——学生，常常不能正确地放在应有的位置上。……这种目中无人的观念是糊涂观念。这种观念的缺陷在于，没有清醒地认识到教学必须从学生的实际出发，必须坚持唯物观点；没有清醒地认识到培育学生成长成人是教育教学的大目标，一切教学活动必须服从于这个大目标，为实现这个大目标服务。"而这正反映出教师的教育伦理、道德修养。

于漪老师说："没有学生就没有学习，也就没有教学。教师必须树立目中有人，也就是目中有学生的观念。这里所说的学生，绝不是抽象的概念，无血无肉的，而是活生生的青少年。每一个学生是具有个人特点的，有自己的理想、兴趣、爱好，有自己的智慧和性格结构的人。"目中有人，因材施教，这是课堂教学的基本原则。

追问课堂教学机智背后的东西

上进心强的老师们都爱听课，观摩公开课，尤其喜欢观摩名家示范课，看看名家怎么上课，学习一些好的课堂教学方法，老师们特别欣赏一些名家临场应变的教学机智，啧啧称赞的同时，常常以为名家在课堂上的神来之笔，都是智慧的体现。我并不排斥智慧之说，但我更感兴趣的是为什么有的人课堂有智慧，有的人课堂没有智慧，这背后的原因是什么。这值得我们去追问。我们还是先看案例。

案例一：

英语课上，老师正在板书，一个学生用笔在桌上敲打起来。"英语课是不需要伴奏的。"老师的幽默逗笑了同学。敲击声悄然隐去，捣蛋的学生做了个鬼脸。这一举动也被细心的老师看到，边模仿边开口说："make face（做鬼脸），就是这样。"同学们意外地学了个新词组，没有人再搞小动作。

案例二：

政治课，老师带着学生学习"货币的本质"，忽然发现有两位女生睡着了。老师说："我本来以为货币是很有魅力的，谁知在座当中就有不被金钱所诱惑者，依然打她们的瞌睡。"全班同学哄堂大笑，这两个同学也清醒过来，开始学习了。

案例三：

音乐教师上公开课，她穿着一条漂亮的裙子，格外引人注目的是裙子上贴满了五颜六色的五角星，学生知道，谁听得认真，谁动脑积极，谁回答准确，谁就可以得到一颗五角星，并可以自豪地贴在自己的脑门上。意外出现在课上了 30 分钟时，一个五角星从裙子上掉了下来，被旁边的一个学生拾到了，他一颗五角星也没有，他很想拥有这颗五角星，但他最终还是把它交给了老师："老师，您掉了一颗五角星。"这是一个多好的教育契机啊！如果这时候老师能说："你真是一个诚实的好孩子，这颗五角星就奖给你！"但是这个音乐教师只是以平淡甚至冷漠的语气回答道："噢。"说完就将五角星贴回自己的裙子上，连一声谢谢都没有。就在这节课快结束的时候，这位音乐教师的裙子上又掉了一颗五角星，拾到五角星的又是一位一颗五角星也没有得到的孩子。下课时，他也主动把五角星交给音乐教师，没有想到，这位音乐教师居然说："下课了，已经没有用了，把它扔了吧。"这个孩子一下愣住了，随后他又不得不这样做了。扔掉的是一颗五角星，同时也扔掉了一颗纯真的童心！

案例一中，当课堂意外出现声音干扰，作为当时执教教师有多种选择，一种是当场呵斥，予以警告，一般来说声音会立刻中止，但是这样处理很显然有点小题大做，有些老师这样处理，导致学习气氛骤然紧张。还有一种老师甚至开口之后没完没了，把过往这个孩子或者这个班级出现的一系列情况拿来数落一通，导致师生情绪恶化，下面的课就没有多少积极的情绪了。反之，如果老师充耳不闻，学生可能会一直这么敲击下去，甚至导致其他学生也会发出各种无关的声音，最终影响课堂教学。很显然要制止，但又不要影响学生的学习情绪，这就需要老师的智慧了。老师一句"英语课是不需要伴奏的"表明了教师的态度，旗帜鲜明，但又不失温和，既让学生意识到问题，中止了敲击，又让课堂正常进行。孩子的一个鬼脸，老师捕捉到了，顺势而为，让学生无形之中又掌握了一个新的单词，这是最佳效果，得益于教师的机智，其背后展现的是教师良好的课堂心态。作家魏巍在他写的《我的老师》一文中，以儿童的眼光和心理回忆了他的小学老师蔡芸芝的温柔、美丽、慈爱和伟大。"仅仅有一次，她的教鞭好像要落下来，我用石板一迎，教鞭轻轻敲在石板边上，大伙笑了，她也笑了。"就这么一个细节充分描绘出一个慈祥、伟大的教师形象。

案例二中，上课出现睡觉现象，这是课堂里常有的事情，特别是夏天下午的课，学生睡觉的概率很高。老师如何处理？有一种老师视而不见，依旧旁若无人地自说自话，滔滔不绝地讲授重复了多年的教案，其结果就是一直把班上大多数同学都讲睡着为止，因为瞌睡是会传染的。有一种很强势的老师，一看到学生睡觉，就气不打一处来，特别是当这个班级考试成绩不佳，或者是睡觉同学考试成绩不佳的时候，更会火冒三丈，顺手操起讲台上的粉笔就对着睡觉的学生投掷过去，火山爆发，教学中止，改为"训斥式德育"。久而久之，这样的老师其教学任务总是不能及时完成。还有一种老师会走到睡觉孩子的身边，轻轻地敲击课桌面，提醒睡觉的孩子，这也不失为一种好的方式。案例二这位老师的处理方式我以为是最佳方式，用一句幽默的话把大家都逗笑了，也把睡觉的同学催醒过来，全班同学的神经等于都放松了一下，接下来的课师生精神饱满，课堂教学效率就会高很多。这也是一种教学机智，其背后说到底是教师具有一种很好的教学心态，有一种开朗乐观的人文情怀。

案例三，看了这则教学案例之后，的确让人心里堵得慌。这位老师教学准备应该说是充分的，但是她的眼中只有教学，只有完成教学任务，眼里没有学生。五角星是道具，只有在教学需要的时候使用，使用完了之后就成了废物，全然不顾及学生的感受。这位教师没有意识到，当五角星在教室里作为学习奖品出现的时候，它已经不是简单的五角星了，它被赋予了精神的意义，它代表了成绩，它代表了荣誉，它成了孩子心中追求的一个目标。但是这位年轻的女教师全然没有这个概念，非常可怕的是当她把学生的"心"丢掉的时候，她还浑然不觉！这不是技术问题，这也不是教学机智问题，这根本就是文化问题，是教师的教育价值观问题，她身上根本就缺乏一种作为教师原本应该具有的文化自觉。

何为教学机智？百度上说：教学机智是教师面临复杂教学情况所表现的一种敏感、迅速、准确的判断能力。比如在处理事前难以预料而又必须特殊对待的问题时，以及对待处于一时激情状态的学生时，教师所表现出的能力。尽管教学机智是瞬间的判断和迅速的决定，但教学机智往往是教师在教学过程中面对特殊的教学情境最富灵感的"点睛之笔"。我并不否认这个说法，教学机智表面看来是教师课堂里的灵光一闪，但我以为这种机智和智慧是教师在教育情境中教育思维和教育情感互动的产物。思维是课堂机智和智慧的核心，情感是课堂机智和智慧的酵母，最根本的是教师内在学养、教养、文化涵养的综合，是教师的人文情怀的外在显现，是教师教育观、学生观的外在显现。教师如何看待学生，如何看待课堂，如何看待自己，这些深层次的东西沉淀在教师的心里，在课堂教学的过程中不知不觉地就会显露出来，所以从这个意义上说，教师即课程，教师人格修养产生教学机智，教师的文化涵养孕育教学智慧。

小议课堂教学中的教师主导

全国著名的语文特级教师钱梦龙曾经提出过"三主"说，即学生为主体，教师为主导，训练为主线。对此钱老师有过长时间的研究，并在自己的教学实践中，不断探索，不断反思，不断总结，给出了自己的答案。他的课堂教学真切地体现了他自己的思想主张，在全国语文教学界产生了较大的影响。

经过长时间的教师培训，现在教师几乎都知道教学要以学生为主体、以教师为主导，但在具体的教学中，对如何以学生为主体、以教师为主导，却常常不甚了了。特别是面对这两个"主体"，教师往往会不自觉地抓住一方，忽略另一方，突出学生为主体，一不小心就把教师的主导作用弃之一边；强化教师主导，一不小心就会出现教师强势介入、强势干预，学生完全处于被动状态。这些在教学过程中都是比较常见的问题。

第一，学生为主体，但未必要以学生个体行为为序。课堂教学要充分尊重学生的主体性，课堂教学要保证必要的逻辑顺序，这二者都是常识，但现实中教师往往会不自觉地忽略一点，那就是如何把二者统一起来，这是一个需要研究的问题。近期参加一个语文教学研讨活动，听了几节研讨课，看到了很多好的做法，也发现不少问题。其中有一节课是某市一位知名的语文特级教师上的，这堂课的课题是"钱梦龙16岁佳作赏析"，课上学习内容是钱梦龙老师的诗歌三首，有律诗，有绝句，都是钱老师16岁时写的。教师充分尊重学生，课前就让学生赏析诗歌，并用文字写下来，交给老师，老师做了认真的批阅。课堂上，教师把学生的分析文章拿出来读给其他学生听，一篇篇优美的赏读文章，一段段优美的文字，教师很有节奏感地读下来，课堂上创造了一个良好的氛围。紧接着教师让学生讨论这些文章文字的好处、问题，如果是问题也请同学们给予纠正。整堂课的教学重心就是围绕钱老师的三首诗作进行赏析，于是学生来来回回地赏读钱老师诗作的文字，跳上跳下，忽前忽后，来回反复。这堂课教师尊重学生的主体性已经充分表现出来，学生读，学生写，学生议。但整堂课看上去有点零乱，教学结构无序，因为教师是以学生的赏读文字作为课堂讨论的内容，抓的是学生赏析文字中表现较好的，或者是问题突出的，拉出来让大家讨论，但是这样一来，就导致整堂课跳上跳下，忽前忽后，来回反复，缺乏有逻辑的、清晰的课堂教学序列。课堂结构如果是乱的，学生的思维很有可能因此就是乱的，教学效果就会大打折扣。如果以主体、主导说来评价整堂课，可以说教师的主导作用没有充分到位。我以为既然是赏析钱老师的诗作，就应该把钱老师的诗作作为教学的逻辑主线，将学生的赏析文字按照钱老师诗作的顺序依次剪裁，服从于赏析诗作的逻辑顺序，这样讨论，学生才能非常明确地把握住课堂的脉络，思维清晰，学习效率才会大大提高。

第二，师生对话，不要让其他学生游离现场。今天的教学，教师们都知道要尊重学生，让学生谈谈自己的看法，教师再加以适当点拨，师生对话就成了当下教学不可缺失的一个样态。但毕竟是在班级授课制的框架下，师生对话，不能让其他学生游离现场，否则就会导致一生一师对话，其他人无所事事。某市一位语文教研员上的《乡关何处》一课，尊重学生，让学生自己读课文，然后让学生谈谈自己的感悟，于是老师点到谁，谁就谈自己的感悟。结果导致这节课老师总是在与一个个学生做个别式对话，当教师与一个学生问答的时候，就成了只有他们师生两个人在对话，其他人游离于他们的对话之外。班级授课，要让每个学生都有现场收获，就必须让每个学生现场适时参与，一旦游离教学现场，学生几无所获。集体的研学，不能变成个别人的对谈，否则许多学生几乎就是浪费时间，而且集体研学讨论的智慧也发挥不出来。以学生为主体固然正确，但千万不能忽略以教师为主导，教师的主导作用表现在课堂的调控上，课堂调控的目的之一就是让每个学生都参与进来，都进入思考状态。调控的重要内容首先就是教学研讨的问题要相对集中，要聚焦。以《乡关何处》一课为例，不能让学生一个个地先后向教师反馈自己的感悟，而应该提出一个或几个重要的问题，让学生围绕问题发表见解。每一个问题的讨论，既要展开师生对话，也要展开生生对话，让其他同学实质性地参与讨论，学生之间要有交集，师生之间要有碰撞，要有你来我往，要有针锋相对。

学生为主体，教师为主导，说易行难，特别是遇到具体问题的时候，所以教师们必须把握着基本的方向，掌握基本的原则，不能忽略基本的教学常识。

课堂是教师专业修养的体现

今天的教师都会说课堂是教师的主阵地。这句话的含义主要是指教师借助这个阵地实施教育教学，达成教育教学目标。此意义固然不错，但我以为同时还意味着另外一层意思，就是这个主阵地直接表现出教师个人的专业修养、知识修养、能力修养和道德修养。

案例：

有一位老师教《动物——人类的朋友》，课堂上他向同学们提问："你们知道哪些动物濒临灭绝吗？"学生有的说大熊猫，有的说东北虎，有的说北极熊，有的说中华鲟，有的说扬子鳄……老师也不知道到底谁对谁错，只好微微颔首，一一点头，想敷衍过去。没有想到，同学们开始争论起来，要求老师评判谁对谁错，老师因为不知道谁对谁错，无法评判，灵机一动说："你们课后到图书馆或上网查一查。"一个学生站起来说："大概老师也不知道吧，刚才只有第一组说大熊猫是正确的，其余都是错的，其他还有西伯利亚虎、亚洲黑熊、非洲犀牛、北美玳瑁、亚洲猩猩……"他一口气说了近十个，老师十分尴尬。

　　这位教师很显然没有认真备课，他在课堂上的随意一问，就把自己的知识缺陷充分暴露出来。教师即课程，每个教师走进教室，你就代表你所任教的课程，你的专业修养就会在课堂表露出来，你的知识水准以及敬业精神都会充分表现出来。这个案例所暴露出来的问题看起来很荒唐，但在实际教学中并不是个别现象。

　　有专业机构曾经做过教师读书状况的调查，结论是：中小学语文教师读课外书极少，现状很不乐观。具体表现在：1. 对当代作家作品了解不多。在问卷调查中列出的几部较为优秀的当代文学作品中，能够写出作者的竟没有一人。2. 对青少年读物缺乏关心。调查中绝大多数教师对适合青少年阅读的优秀作品知之甚少。3. 对当代期刊留意不多，尤其是一些可以作为中小学生课外读物的期刊。调查者认为，造成这一现状的原因较多，简单化的应试评价体系是许多教师只读课本不读"闲书"的一个重要原因。教学之外过于繁杂的事务，耗费了教师大量的时间和精力，有的甚至疲于应付，很难静下心来认真读书，这些都是客观原因。假如教师主观上有强烈的愿望，有一种上进的动力，有一种自我塑造的要求，那么这一切又另当别论了。教师自己缺少足够的阅读，必然缺少对学生的有效指导，同时也导致了课堂教学视野的封闭与狭窄，以及教学中人文精神的稀薄和缺乏。

　　现实教学中教师知识修养、能力修养的不足严重影响教学效率的达成，也就是说由于教师水平不够高导致教学缺乏吸引力，教学缺乏一定的梯度，最终学生在课堂上几无收获，这种现象是比较常见的。福建师范大学中文系教授、博士生导师孙绍振先生曾经说道："现在的中学语文教学为什么枯燥乏味？主要是因为语文教师难以讲出学生不知道的东西。课堂要有吸引力，在知识与分析层面上教师与学生应该有落差。对于文本，如果教师在讲解上不能出新，如果教师在课堂上的分析都是学生在一般资料上就可以看到的，学生就不会信服你，课也不会上得生动。"① 孙老师说的是语文教学，其实各科教学或多或少都存在着类似的现象。有许多老师自以为是地觉得自己是大学本科毕业甚至硕士毕业，教教中小学生根本不在话下。其实不然，教材所涉及的内容你未必知道，即使知道一些你也未必理解深刻，这就要求教师提前做好认真深入的备课，否则在课堂中草草教学，草草收场，会导致学生几无所获。

教师如果不努力提升自己的专业修养，就无法面对网络化、信息化条件下的课堂教学，就无法面对知识面相对较宽的学生。周国平曾经说："我心目中的好老师最主要的是两点：一是他本身热爱智力生活，热爱知识，有学习、思考、钻研的习惯，亦具备良好的智力品质；二是爱学生，拥有广博的'父母本能'，真正把学生当作目的，能把学生的进步感受为自己的重大人生成就并为之欣喜。这样的老师，因为第一点，学生敬佩他；因为第二点，学生喜欢他。"② 周国平所说的第一点就是要求教师应该有广博的知识，博闻强识。

一位教育家曾说过："教师一方面要献出自己的东西，另一方面要像海绵一样吸收东西，从人民、生活和科学中吸收好的东西，再把这些东西献给学生。"教育家夏丏尊谈起李叔同时曾经说过："李先生教图画、音乐，学生对图画、音乐看得比国文、数学等更重。这是有人格作背景的缘故。因为他教图画、音乐，而他所懂得的不仅是图画、音乐；他的诗文比国文先生的更好，他的书法比习字先生的更好，他的英文比英文先生的更好……这好比一尊佛像，有后光，故能令人敬仰。"李叔同先生渊博的知识修养使他的教学如鱼得水，使他的人格魅力深深吸引了学生。夏丏尊所说的"佛

① 欧阳国盛. 教师的读写水平决定一切. 教师月刊 2010（10），16
② 心田. 我心目中的好老师——访周国平先生. 教师博览·原创版，2011.5（32）

光"就是以深厚的学养为基础的人格魅力。优秀的老师都是相似的,苏霍姆林斯基所在的帕夫雷什中学,有位老师上了一堂十分精彩的课,有人问他,你为这堂课准备了多久?这位老师的回答是,为这堂课准备了一辈子。教师的每堂课都是他一生知识修养的外在显现。

曾经有位地理老师在黑板上徒手将中国地图连带省份划界一起画得惟妙惟肖,徒手将世界地图连带国界画得惟妙惟肖。学生看得目瞪口呆,对这个有绝活的地理老师充满钦佩。从知识的层面上讲,地理就是地上的道理,如果没有空间思维和平面转换能力,地理永远学不好。从情感的角度讲,有绝活的老师往往有深情、有真气。教育是培养人的活动,教师的劳动过程,是人与人之间相互作用的过程。教育活动的本质和教师的劳动过程,要求教师的劳动必须具有正确的示范性。具体来说,就是教师用自己的思想、言行和学识,通过榜样示范的方式去直接影响学生。

在当今的时代里,知识和技术发展更新的速度越来越快,让人们应接不暇。知识不再只是一次性的储存物,而是一种可用来不断开拓、不断补充的武器。对于教师来说,他们固有的知识在浩瀚的知识海洋里就如同一滴水滴,因此驾驭知识、补充知识的终身学习能力对他们来说就如同人体的呼吸、消化对于人体健康那样重要。一个优秀教师,起码应该具备三个方面的知识,即教师的本体性知识、条件性知识和实践性知识。教师的本体性知识,也可称之为学科性知识,指的是教师所具有的特定的学科知识,如语文、数学、英语知识等。它是教师成长的必要条件,但不是充分条件。教师的本体性知识与学生成就之间并不存在着统计上的直接相关性,也就是说丰富的学科性知识并不是成为有魅力的教师的唯一条件。教师的条件性知识指的是教师所具有的教育学、心理学方面的知识,所谓教育或教学,从通常的意义上来讲,就是教师将知识用儿童可以接受的方式,生动活泼地教给他们。"儿童可以接受的方式""生动活泼"就是教师的条件性知识。因此条件性知识是保障教师成功的前提条件。教师对条件性知识的掌握一方面同本体性知识一样，可以通过系统地学习，另一方面，更重要的是必须在教育、教学过程中逐渐地了解和习得，需要动态性地去把握和领会。教师的实践性知识指的是教师在面临实际的课堂情境时所具有的课堂背景知识以及与之相关的知识。它更多地来自教师的教学实践，具有明显的经验性成分，是教师教学经验的累积，实践性知识对于教师的专业发展具有决定性的作用。事实上，教师的专业发展既是工具性和技术性相结合的活动，又是教师在实践中不断做出思考的过程。因为，教育实践的情境总是处于不断变化之中的，而原有的理论和知识只具有相对的概括性和普遍性，这就决定了教师不能仅凭所学的本体性知识和条件性知识进行专业的实践尝试，还必须面对充满不确定性的教育环境，在实践中不断进行研究，如反思性教学，开展行动研究，把所学的知识与教育实践有效结合起来，才能逐步形成优化的教学实践，从而真正使教师的专业水平得到良好的发展。

课堂是由细节构成的

如果静止地看待课堂，课堂是由一系列的元素构成的；如果动态地看待课堂，课堂是由师生之间的互动行为组成的，行为是由细节组成的，细节决定成败，细节决定课堂教学效率的高低。课堂教学的基本原则容易掌握，课堂教学的方法容易学会，课堂教学的基本模型容易运用，但是要把细节做好，那不是一蹴而就的。教师往往掌握了这个细节，但又忽略了那个细节，而且细节是多种多样的，细节也是千变万化的，所以人们常说课堂教学是一门艺术，含义之一就是细节变化太多。细节问题需要细致化处理，需要教师自己反思，也需要旁观者逐一分析，逐一解剖，这样或许可以帮助教师把握规律，举一反三，起到事半功倍的效果。

早读课，学校的早读课都被安排在学生早晨到校与上课之前这段时间里，一般是在 15 分钟到 20 分钟之间，时间很短，安排好了，则有意义，可以创造一个很好的学习氛围，把学生从家庭的休息状态过渡到学校的学习状态。老师常常有两种做法，一种做法是让学生开口泛读，或者让学生自己看书，这种早读课是无意识记，无意识记也有收获，至少琅琅书声有了，学习气氛有了。但如果想进一步提高效率的话，可以有另一种做法——引进有意识记，那就是目标要求具体化，背诵多少单词，或者背诵多少句子、段落，最后留点时间加以检测。如果结果能够即时显示，那么效果更佳。早读课一般被语文、英语两门课瓜分，有的语文教师让学生读古诗词，然后教师正音释词，加以一定的提问，学生回答，这样内容多，就显得泛，容易造成学生印象不深，完全可以减少一些，各个击破。一些教师所采用的方法基本上是教师讲，学生听，教师正音，学生学习，一句话：师为主，生为客。其实早读课完全可以让学生自己读，然后让其他同学指出问题，学生不知道的，老师最后再指出，毕竟学生的错误是最好的教学资源。一句话，早读课应该还给学生，学生读，学生背诵，如果目标相对集中，那么效果就比较明显。

新学年第一节课，老师该怎么上？一般来说，老师常常安排这些内容：教师提出本学科的基本要求；让学生做自我介绍；让学生预习教材。在这样的课里如何达成应有的效率？

权以一位青年教师的课为例，这是新学年新学期的第一节课，教师安排了三个环节，第一个环节就是教师提出相关要求，上课的要求，作业的要求，等等，内容比较多。这个环节意义是明显的，那就是新学年新老师新要求，先告之大家。但是如果内容较多，就要考虑讲述的方式，老师要站在学生的角度思考，学生听老师讲了一堆内容，能记得住吗？而且老师应该讲一些最基本的要求，就是每个学生通过努力都可以达成的最基本要求，比如上课3个要点，作业3个要求，简便易记，剩下的要求可以下次再说，或者可以用文字发给学生，让学生贴在课本上或笔记本上。

第二个环节，让学生自我介绍。很显然，这个环节出发点也是好的，但意义不大，因为每个学生不假思索地报了一下自己的名字，但老师根本记不住，其他同学也留不下什么印象。如果非要设置这样的环节，可能就要提出具体要求，例如如果是数学课，站在学科教师的角度，可能就应该让学生介绍自己学习数学的情况，喜欢数学的什么，自己学习数学的困难点是什么……这就需要教师提出要求之后，留给学生一些思考的时间。

第三个环节，教师让学生预习课文，但只是泛泛地让学生看书。这个环节的意义也没有充分体现出来，关键是教师不但要给出具体要求，例如多少时间，看多少页教材，看完之后，要了解什么，要回答出什么问题，而且教师应该给予学生方法上的指导。没有具体要求，没有方法指导，学生的执行就不会产生明显的效果。预习指导要让学生学会看教科书，以数学预习指导为例，方法上更要基于学生具体情况给予具体的指导，比如，数学教科书主要看什么，主要提取什么信息，提取信息的方法是什么，什么问题值得提出，什么问题可以放放，等等。

学生预习之后，教师应该让学生有所反馈，比如回答所看内容的相关问题，或者讨论相关问题，看学生是否认真做了预习，这样可增强学生预习的目的性。一段时间之后，学生学会预习，教师就可以放手让学生独立预习了。现在说翻转课堂，其实就是预习先行，先学后教，这样学生就带着问题来学习，主动学习的意识增强了，教师也是就学生问题来教，这样的教学有的放矢，针对性强了，学习效果自然明显。

一句话，教师的教学指令、教学安排，指向一定要明确，目标一定要集中，要求一定要具体，同时要给予方法上的指导，这样才能达成设计目标，否则泛泛而谈，毫无意义。

课堂为什么一定要封闭？

　　全国语文报刊协会课堂教学艺术分会在明德实验学校开年会，主题是"文本解读"，形式是"专家报告+研讨课+评课"。上海语文特级教师张广录执教的鲁迅的《拿来主义》一课很有新意，他一反常态，不再是对鲁迅文章思想内容做鉴赏性的分析评价，不再是干巴巴的贴标签式的教学，而是带着学生在做真实的研究，以鲁迅的《拿来主义》作为切入口，研究鲁迅语言表述的特征。具体做法就是把鲁迅的文章《拿来主义》拆散成一个个的句群，让学生重新组织这些句群，引导学生去发现鲁迅文章句群与句群之间的关系，从而发现鲁迅作文的秘密。实际教学中，经过老师指导下的研讨，学生了解到鲁迅文章句群之间的关系是：否定，再对否定加以否定，即否定之否定，然后再对此进行否定。概要地说鲁迅文章的句群连缀方式就是：A，-A，A，-A……这么一直下去，曲曲折折，构成了鲁迅作品的语言特色。鲁迅作品的意思总是比较难懂，因为他总是在文章中前后不断地自我否定，导致读者不知道他到底想主张什么、反对什么，这也是鲁迅文章独特魅力之所在。应该说这样的研究是很有意思的，当然这样的研究刚刚开始时学生也是不太适应的，因为从来没有老师这样教他们，但是随着张老师不断地让学生尝试去做，学生们开始慢慢进入角色，进入一种研究者的角色，学生自己去研究鲁迅的句子，慢慢产生了一些颇有意思的研究心得，慢慢体会到这样研究的好玩、有趣，体会到这种语文课的意义和魅力。值得肯定的是张广录老师始终让孩子置身在自然的研究状态中，而不是一种介乎表演状态与上课状态之间的样貌，用简单的话来表述，就是张广录老师是在自然地上课，而不是作课，不是课的表演，是真切而朴实地上研究课。

但评课的专家和听课的老师大都不太看好，特别是上台评课的专家基本都采取回避态度，对张广录老师的课不予置评。

这是什么原因造成的呢？我想所谓专家都是这个行业从业良久的资深人士，每个专家都有自己长期职业生涯所形成的教学习惯、审美图式，都有自己的评课框架或者叫评课图式，都有自己关于课的基本价值判断标准，都有自己的评课习惯，比如有的人就是习惯于上课必须有头有尾，假如有的课没有结尾，他就感到不舒服。评课图式是长时间以来形成的，一般不容易改变，如果课的基本特征，基本呈现方式，符合他的评课标准，符合他关于课的习惯认知，在他的评课图式中，他就会有一种愉悦感、舒适感；当有一种课不在他的评课图式中，他就会有不适感，于是就会产生出一种本能的不快、排斥、拒绝、否定。如有的语文教学专家习惯于语文课应该有语文的味道、有语文的学科特征，他的语文评课图式就是要着眼于字词分析、着眼于文章鉴赏，假如有的课没有，他就感到不舒服。如果语文课走的是研究的路子而不是他习惯和喜欢的鉴赏的路子，他就很不适应。他不想，也不愿意去分析这种课，不想去深入理解这种课存在的意义，不想去探究这种课的创新价值，只是感觉不舒服，但一时半会也说不出非常坚实的理由来理直气壮地否定这样的课，于是他们能采取的最简单的方法就是回避，不予置评，于是这种充满创新意味的课的意义就被轻易地忽略了。

课程创新难，课堂创新难，难就难在大凡课堂创新都或多或少会与许多人的审美习惯、教学习惯不一致，与很多人的评课图式不一致，而人的教学习惯、审美习惯、评课图式一旦形成，就很难改变，所以创新就不容易被认可。但是社会生活是在发展的，而发展就是要靠创新驱动的，课堂教学毫无异议也要发展。语文教师可以也应该对文本做鉴赏性的评价，语文教学可以也应该指导学生对文本做鉴赏性的教学分析，但语文教学也可以带领学生去实实在在地研究文本的语言，研究句群，这也是语文教学的本职工作。现在我们的理科教学时兴一种 STEAM 课程，这是一种集科学、技术、工程、艺术、数学等于一体的跨学科的综合课程，这是一种面向具体问题的研究型课程，其本质特征就是主张让学生像工程师一样地面向问题、思考问题、解决问题。同理，为什么语文教学不能让学生在教师的指导下像语文专业研究者一样去思考语言现象，去研究语言现象？为什么带着学生去研究鲁迅文章句子连缀的特征就不能出现在语文教学中？为什么我们要把语文课做封闭式的界定？为什么语文课堂教学只能是一种模式？为什么语文课堂教学一定要有一个统一的固定的标准？为什么语文教学不能有别样的探索？

语文教学不能自我封闭，基础教育不能自我封闭，故步自封、自我封闭一定会阻碍教育的发展，一定会导致教育的落后。

课堂问答的逻辑性

当下课堂教学过程中，教师们普遍采用所谓提问式教学法，老师们都喜欢叫这种边提问边回答的教学方式为启发式。启发是否有效，评价标准就是看课堂是否使学生的思维增值。要想使学生的思维增值，则要看问题本身的设置，问题设置首先是要基于学生，同时要超越学生，也就是要适度高于学生，就是我们通常所说的让学生跳起来能摘得桃子。这就需要教师前期充分了解学生，而问题本身的设计也要讲究逻辑梯度。

科学课"实验设计"，整堂课教师的设问是逐层递进的，整体的问题框架是预先设计好的，在实际的教学进程中，基于学生实际答问的情况加以适当地调节，始终扣住实验设计的逻辑脉络，同时始终基于学生的现场表现，这样的问题链就是有效的设计，这样的启发式也是有效的启发式教学。如：

师：设计一个实验前要准备什么？

生1：设备。

生2：实验对象。

师补充：要提出一个问题，必须有好奇心。

师：对实验设计而言，什么是一个好问题？

生：必须要通过动手做的，不是单凭思考的。

师追问：老师想知道太平洋有多少条鱼，这个能做到吗？这个问题做不到。

生明白：必须是基于现有条件可以被检验的。

师：设计一个实验前的准备还需要什么？

生：提出一个假设。

师：什么叫假设？

生明确：没有被证实的答案，是对一个问题可测试的、可检验的回答。

师：假设必须满足什么条件？

生：必须有可能证明这个假设是成立或不成立，必须有可能重现假设的结果。

师追问：如果实验结果不支持你的假设，怎么办？

生：重新假设。

师：这种情况正常而且很常见，要接受并改进实验设计。

（教师让学生开始设计一个实验来验证自己的假设。这个实验将允许学生改变一些条件或变量……）

生：假设巧克力豆外表的颜色越深，融化越快，因为颜色深吸收热量多。

师：这里出现了变量，变量分为自变量、因变量。

……

　　整堂课几乎都是这样，教师用环环相扣的逻辑推理和追问，迫使学生按照严密的逻辑线索不断地深入思考，使思维越来越严密，使结论越来越可靠。学生的思维能力也在这个过程中得以提升。从现象到原因，从利弊分析到问题解决，逐层推进。让学生通过层层推进的问题及回答，养成一个思维的习惯，也就是解决问题的良好习惯，这就是培养学生的核心素养。

　　教学实施过程中，学生回答问题的质量如何，取决于教师适时有效的点拨、追问、反问。在地理课"印度"实际课堂教学中，教师所提的问题常常是并列式的，问题之间没有逻辑的层递关系，有趣的是学生所答的答案也是并列式的，看起来学生回答热情很高，但所答的答案大同小异。比如教师提问："如果印度人口超越中国的人口数量，会带来什么影响？"学生在说到对印度的不利影响的时候，提到了贫富悬殊，卫生差，瘟疫扩散，资源更少，就业率低，无法养活自己，GDP降低，耕地面积越来越少，绿植越来越少，水资源少，农业受影响，环境差，社会危机，等等。这些答案都停留在概念层面，一不小心就成了贴标签，充其量只有信息量的增加，没有对问题的深入考量。这个时候就需要教师的智慧点拨，教师完全可以抓住一个答案，反问学生。比如："人口增加一定会带来GDP降低吗？"学生面对一个开放性问题的时候，常常踊跃发言，但真实情况是学生常常只知皮毛，回答时只能是泛泛而谈，类似于贴标签，或者概念式回答，有时甚至连概念的含义都不清晰。教师这个时候就需要追问，学生看似无疑问的时候，教师就要把矛盾挑出来，让学生深入一层思考。比如当教师问道："印度防止人口爆炸性增长应该采取哪些措施？"学生回答："像中国一样采取计划生育。"教师完全可以追问："为什么我们中国现在要放开二胎，甚至有可能进一步放开？"引导学生多维度地思考。科学课"实验设计"，整堂课教学思维非常严谨，教师不断地提醒学生阶段性结论是可靠的吗，教师的思维方法就是原型变异，让学生学会将相关的各种情况都罗列到位。例如教师问："如果 30 个学生核酸检测都是阴性的，那么结论是可靠的吗?"于是引导学生思考要先测机器、检测品是否有效工作，还要测病毒，要设计对照组，既有阳性对照，还要有阴性对照，几种类型都考虑到，只有这样得出的结论，才是正确的。

教师在课堂追问的过程中，自己脑海中应该有变异原型，既有标准正例，也有标准反例，既有非标准正例，也有非标准反例。这样得出的结论就比较可靠。

说说课堂中的小问题

最近一段时间密集听课，发现了一些小问题，这些小问题，其实都值得关注。

一、教学案例的典型性

课堂教学中为了便于学生理解相关知识，教师一般都会采用举例说明的教学方式，让学生易懂易会。这里所举的例子就很有讲究，首先案例是否典型，是否能够说明问题，是否有代表性；其次站在学生的角度来考虑，就是学生是否愿意接受这样的案例，所以课堂上的案例应该要让学生产生兴趣，唤起他们感同身受的体会，案例本身要贴近当下，贴近学生的生活；最后案例要相对简洁，不能占用课堂太多的时间。

财商课"未来职业——劳动与个人收入"，从技术层面上看，课堂教学的逻辑线条非常清晰，环环相扣。所举的案例都是当下孩子们感同身受的鲜活案例，如房产销售顾问，网络直播带货的主播，等等。案例都是让学生很感兴趣的案例，案例与案例之间有梯度，面对似是而非的问题，教师引导学生辨析知识，如现金流、现金流入、现金流出；四象限中的雇员、老板、自由职业、投资人；工资性收入、经营性收入、转移性收入，等等，清晰明确。

科学课"实验设计"，教学聚焦，只有两个案例：巧克力豆，疫情检验。前者是学生所喜欢的，一下子就把学生抓住了，后者是当下的现实问题，事关学生当下的切身利益，所以也很吸引学生眼球。以两个案例为实验点，展开实验设计，单纯集中，不枝不蔓。案例可以促进一种真实的学习，因为案例是真实的案例，那么情境就应该是真实的，问题设置也应该是真实的，解决问题的方案更应该是真实的。比如巧克力豆融化时间不一，内在的质地是一样的，只有外表不一，那么就可以假设颜色是融化的原因，从外表的颜色不一，来探究融化的程度不一。那么设计实验不同的场景，观察不同的巧克力豆融化情况，以此来验证假设是否正确，就是一次基于现实的、真实的解决问题的学习。

二、群体讨论

现在课堂几乎堂堂都会有讨论，但讨论之前应该共题，这是基本原则，就是大家应该共同面对同样的问题。如果是小组讨论，小组的人都要共同面对同样的问题；如果是班级讨论，全班同学都应该共同面对相同的问题，否则各说各的对象，各谈各的问题，没有交集，就无从讨论，就无法做到共鸣、共情、共理，因此必须先共题，才可能会有共鸣、共情、共理。为了让大家讨论时目标集中，将题目板书就是一个很好的方式。为了有效地讨论，让每个参与讨论的人有所思考，因此讨论之前应该有静默时分，也就是让每个个体先行思考，没有个体的思考，群体的讨论就是盲目的讨论，盲目的讨论肯定是无效的讨论。既然是讨论，也应该相对集中，在讨论进行的期间是不应该放音乐的，这样会影响专注力，影响思考。在讨论之中需要有评点，学生相互评点，教师的评点，这个时候最好将学生的发言呈现在黑板上，至少应该把学生回答的关键词板书，让学生目光聚焦，否则学生不聚焦，评点就很难进行。

讨论过程中学生很活跃，教师怎么办？这就是对教师现场应变能力的考验，教师的现场应变既要基于学生，还要高于学生。因此教师既要发现学生长处，也要找出学生漏洞，给他们指出方向。无论是肯定，还是否定，教师都要说出根据、理由，就是要讲道理，讲逻辑。语文课文《在柏林》的现场教学中，针对文中1、2、3到底指什么，一说1、2、3……是指三个儿子，二说是可能指三个儿子，但省略号"……"也可能指省略4、5、6，那1、2、3就不是指三个儿子。老师最后肯定地说是指3个儿子，但没有给出理由，这是不应该的。教师把握不准的地方可以存疑，但不可以武断。教师如有结论，就必须给出论据和推理过程，以理服人。

讨论要给学生充分的表达机会，教师不能代替学生说话。财商课"未来职业——劳动与个人收入"结尾有一个细节，教师问："未来会产生什么职业？"学生认真思考、小组讨论之后，原本寄希望教师给他们表达的机会，结果教师完全不给学生表达的机会，直接给出自己的说法——人工智能训练师。事实上，未来社会将产生的职业多种多样，这个时候，应该让学生说说他们的想法。剥夺了学生表达的机会，武断地把多种可能变为一种可能，这是不明智的，也是很不应该的。

三、教师语言规范、要求合理

课堂教学过程中教师要做到以理服人，因此语言规范，要求合理，这是基本常识。科学课"实验设计"为何能吸引学生？除了问题本身具有挑战性，基于学生，超越学生；除了课堂教学逻辑清晰之外，教师的教学语言干净也是重要原因。

语文课文《在柏林》的实际教学过程中，教师开始时出示的任务单中提道："记住核心问题，请大家利用学习单回答终极问题。"很显然，这里的核心问题、终极问题叠加使用，并不规范，用"终极问题"来形容一篇文章的问题，也是过大了。在分析这篇小说主题、情节的过程中，教师不时提到战争的悲壮，为什么要突出"悲壮"？其实侵略战争发起战争的这一方不能用悲壮来形容，悲壮毕竟有肯定的意味。事实上，文章是在强化战争的残酷，在批判战争。教师要求学生概括小说情节结构，必须要用 10 个字，理由是更能突出小说的特点。这很显然是不讲道理，凭什么 10 个字就更能突出小说特点？为什么 9 个字就不行？为什么 11 个字也不行？

某英语课从教学设计看，执教老师设计这堂课的创新点是将某某歌曲引入写作教学，这样表述也是可以的，但如果是就英语课这门课程而言，就需要更上位的概念来表述，比如诗歌，因为具体一堂课与一门课程毕竟不一样，一个是局部，一个是整体。诗歌是语言的珍珠，用来锤炼学生的语言也是很好的一招。

课堂教学的起始阶段，主要目标是暖场、引出教学目标，但暖场的方式方法要自然。一堂英语课教师给了一首歌，问学生喜欢吗？有学生说不喜欢。教师问理由，学生说没有理由。这样课堂就尴尬了，因为教师原本以为学生会说喜欢的，那么接下来教师就顺水推舟地说那我们就来唱唱这首歌，既起到暖场的效果，又自然地过渡到教师设计的教学内容上。哪知道学生对老师这一套已经非常熟悉了，甚至已经排斥了，干脆给教师一个冷面孔，直接否定，看你老师能奈我何？所以教师预设的时候不能强加于人，因为喜欢与否是情感问题，学生可以喜欢，也完全可以不喜欢，何况喜欢与否的确也一定要有讲得清楚的理由，但面对学生的否定，教师就被动了。因此教师的课堂教学要求一定要贴合学生实际，千万不要强加于人。

知识与思维，阅读与讨论

最近为了验证学校课程，我们组织教师进行实验性教学，通过课堂教学反思前期的课程开发，进一步校正我们课程研发的方向与路径，同时也是校正教师课堂教学的方式方法。事实证明，在课堂教学过程中，我们教师在一些基本问题的把握上，还不到位，存在一些问题，需要加以辨析。

课堂上我们教师到底是教知识，还是教人？教知识，我们只要把知识讲解清楚，学生知道知识即可，相当于教师传送知识，学生收到知识。如果是教人，是教学生，那就要考虑怎么在课堂上激活学生的思维，从这个意义上说课堂应该是学生思维的体操。

但是在现实教学过程中，我们的教师习惯性地会重视知识的教学，而忽略思维的视角，忽略教学伦理的视角。不少老师的逻辑是这样的：因为考试主要是考知识，所以我们只要教到了相关知识，就放心了。这其实是一种线性思维。问题的关键在于虽然教师教到了，老师讲过了，但学生就能记住了吗？事实是，教师课堂上讲到的知识，学生很快就遗忘了。学生真正能记住的是什么？是那些动情、动脑、动手的东西，也就是触动学生情绪的，触动学生思维的，学生动手实践的，才能令人难忘。真正要解决学生记忆问题，除了课堂上要让学生动情、动脑、动手之外，还要靠考试前的复习巩固。因此课堂上知识的小结可以放在课堂的最后，结合教材教学、补充资料、视频来总结概括，如果时间不够，也可以作为作业布置给学生课后思考总结。

如果我们确定激活学生思维是重要目标，那么如何实现就是教学方法问题。现实中我们的老师都喜欢组织小组讨论，交流看法，但是应该在何时、何种情况下组织学生讨论是值得深入思考的。我们有的课堂在应该静默的地方组织讨论，在应该讨论的地方却武断终止。课堂中学生阅读筛选信息阶段是无须讨论的，但我们有不少老师却喜欢组织讨论，筛选信息属于低阶思维，学生通过各自的静默阅读即可实现，有问题的同学，教师适当加以点拨即可。在信息筛选阶段让学生讨论，学生所说极容易重复，所以一般不用讨论，即使要讨论，也要事先将讨论规则告知学生，后面说的不能重复前面同学已经讲过的内容。

例如《论语》这堂课，在理解"中华文化原典阅读"这门课程意义的基础上，设置《论语》课堂的目标及其实现，时间有限，鉴于原典对初中生而言有一些文字障碍，可以适当减少文段；基于学生学情，也可以给学生提供阅读支架和充分的阅读资源，如文句的解释，等等。在此基础上，采用默读、齐读、散读、背诵的方式方法来学习原典，自读默读重在疏通文句，齐读诵读意在创造气氛，个体散读旨在读出体悟，熟读成诵力图内化反思。只有在学生对原典本身有一定理解的基础上，组织讨论才有价值。

什么时候、什么情况下组织学生讨论呢？我认为应在学生信息筛选之后、基本理解相关内容的前提下来组织讨论，讨论那些有深度、有难度的问题，讨论高阶思维的问题，讨论那些开放度比较大的问题。在地理课"日本的农业"上，教师给学生提出了一些很有开放性、挑战性的问题，例如，如果其他国家限制农作物出口，日本怎么办？有学生回答把山开垦成梯田。这个是很好的深入讨论的契机，教师完全可以抓住机会适时追问：开垦山林，不就是破坏森林、破坏环境吗？也就是说教师要抓住悖论，抓住矛盾的地方追问，将讨论引向深入。但很可惜教学现场教师一看时间不够，就以一句"不说了"，武断地终止了讨论。说到日本的林业，进口木材以保护生态，这个时候有学生提出疑问："日本人保护自己的环境，破坏别人国家的环境，这是为什么？"很显然这个学生具有世界眼光、人类视角，不是单纯地站在一个国家的立场上，老师应该予以及时鼓励，但很可惜，教师说了一句"这个问题我们现在不讨论"，又一次把学生的思想火花给浇灭了。《论语》这堂课也有设计讨论的必要，这门课程的意义就在于汲取中国原典所包含的精神养料，这就需要让学生理解为什么要开设这门课程，理解原典名著的意义及其在历史上的影响力。同时这门课程也要培养学生的批判反思能力，要让学生学会质疑，毕竟是现代人读原典，不能一味地膜拜原典，而应批判地吸收原典的思想内涵。所以可以讨论历史上名人对孔子名句的使用，或者批判质疑。这种问题的讨论既可以让学生理解《论语》的影响力，也可以让学生深入领会《论语》的意义。

总之，在信息筛选阶段、阅读理解阶段，应该让学生阅读，或者静默阅读，或者放声朗读；在学生思考遇到障碍的深度理解阶段、高阶思维阶段，需要组织学生进行有效的讨论，相互启发，促进学生的深度理解。

还原自己的真实感悟

　　今天下午到五三中学，先听了沈老师执教的史铁生《秋天的怀念》，然后听了刘老师执教的《夏衍的魅力》。两位老师的教学有明显的不同，沈老师是教课文，教人生；刘老师是教知识，教技能。两位老师的课给我们提供了讨论评课的载体，刚才大家的评课非常好，我们在享受评课。

　　张老师认为现在的语文教学与人的阅读方式有较大的矛盾，阅读的体验感悟是私人化的，是模糊的，语文教学却要把这些清晰地表现出来，要公开化。这个判断是非常准确的，矛盾确实存在。但这个矛盾能不能解决？我以为矛盾是可以解决的，这个矛盾该如何解决？方法是什么？我以为解决矛盾的方法是：在课堂上用"还原自我"的方法来上课，就是把"我是怎么读的"的过程拿到课堂上和学生交流，把自己的阅读过程展示给学生。我们现在有许多教师习惯于用概念先行的方式来设计课程，就是拿概念套教材，生硬，尴尬，削足适履。上课是从概念出发，还是从文本出发？当然应该从自己真实的文本阅读过程出发，如果自己都不"这样"读，那为什么要学生这样读？

　　先来看看文章，王蒙的《夏衍的魅力》一文，夏衍这么一个文学大家过世了，王蒙这样一个文坛大人物是一定要出来说话的，而且一定要说出属于自我的话来，说出自己与夏衍的交往。但又不能什么话都说，有些不能说，有些不便说，有些说不清楚（毕竟与夏衍交往有限），所以王蒙的记叙只好采用现在的方式，记录一些不大不小、不咸不淡的小事。但这些事情王蒙自己也不满意，不能传达他对夏衍的认识，于是他要议论，他只好议论，议论是基于作者对夏衍的整体认识而做出的，与前面的记叙几乎没有多少关系。所以刘老师用现成的语文教学套话去套是不合适的，"夹叙夹议，议是对叙的总结提升，叙是为议论铺垫服务的"这样一些公式性的套话套在这里是不匹配的，所有的理论都是抽象出来的，但所有的理论都不能简化成几句干巴巴的术语，更不能用干巴巴的术语去套一个个十分独特的个性化文章。

王蒙使用一些技术性手段来表达他心里的夏衍，有些东西常常是局外人所无法理解的。因此，读王蒙的文章，要认识到，王蒙是从对夏衍这个人的整体认识出发来评价议论的，同时，有些东西是被隐藏了起来，所以大家感到"文气"有些断。

课堂教学从思维方式来说，有演绎式，有归纳式。概念先行的课就是演绎式，以一套常用说法去套具体的某篇课文，常常会有违和感，刘老师这堂课的教学就是演绎式的，因此出现了问题。

再看史铁生的《秋天的怀念》一文，我读的时候，心里面咯噔一下，第一次阅读我真的被打动了。史铁生的文字很内敛，不像余秋雨那样一下子把感情都"泼"了出去，史铁生是用简单的语句一下一下地捶着你的内心和情感。文章有悲情悲意，十分动情。悲在哪里，悲从何来？我腿瘫了，妈妈病入膏肓，我全然不知，十分任性地抱怨、绝望，妈妈小心翼翼地呵护我脆弱的心灵，寄予希望，给予鼓励。等我完全醒悟过来的时候，妈妈已经走了，当我明白道理正在好好地活的时候，说这番劝勉的话的妈妈已经走了。他们母子之间始终没有真正对上话，始终处于一种错位状态。现在作者写作此文是与妈妈隔空对话，是隔着空间对话，隔着不可逾越的空间对话，作者的遗憾、作者的痛楚可想而知。教师如果在课堂上，把这种感觉讲出来，我相信也一定能够打动学生。上课就是要把自己这种私人化的体验感悟讲出来，否则教学就无法进行，不能说因为是私人化的感悟，就不能在课堂上说。课堂最本质的特征就是教师与学生之间的对话交流，关键在于交流什么，是交流套话、交流非自我的话语，还是交流自己的真实心得、真切感悟。教师把自己的真实感受说出来，哪怕是"乱讲一通"，比如讲与母亲"隔空"对话对我的冲击，我对作者"悲"的具体体会，等等。教师要在课堂上把能显性化的东西尽量显性化。

一篇优秀文章具有无限的张力，内涵丰富，在课堂教学有限的时空里，让学生每个人谈自己对文字的体会，每个人谈的体会如果不一样，那才是正常的，如果文章体会的结果都完全一致，那反而没有味道了。比如《秋天的怀念》，最后的菊花就可以有多种感知、多种想象，可以是看到秋菊一幅灿烂的画面，坚定自己好好儿活的生活信念，也可以是看到淡雅、高洁、热烈而深沉的菊花，自然想到同样是淡雅、高洁、热烈而深沉的母亲……

有内涵的文学作品教学，还是应少一点儿演绎，多一点儿自己的阅读感悟，多一点儿与孩子们交流那些真切的体会、那些慢慢萦绕的思绪……

从课堂要素看课堂教学

——点评范琪斌老师执教《风筝》

之前到市西中学参加静安区教育拔尖人才的汇报展示活动，听了育才初中范琪斌老师上了一节展示课《风筝》。

应该承认公开课选择课文是有讲究的，一是文字难度较大的文章不好上，因为在课堂有限的时间里让学生在众目睽睽之下（许多听课老师的关注之下）把文章读进去是不容易的；二是许多名家教师上过的课文不容易上，因为很难上出新意来，而公开展示课毕竟与常态课有差异，既是上给学生的，也是上给听课老师的，听课老师是有别样追求的，他们就想看一看你是怎么上名家名篇的，看看你的课是否有新意。鲁迅的《风筝》这篇文章是有难度的，而且有很多名师都上过这篇课文。范老师选择这篇课文来上，有知难而进的勇气。

评课可以从多种角度来谈，刚才有老师从课堂的逻辑结构来谈，反对课堂的碎片化，这个观点我是认同的。下面我从课堂教学的几个要素来谈谈我的看法，一节课有诸多要素，比如教师、学生、教材（教材中的关键词、关键细节）、教学资源、课堂氛围等都是要素，如果抓住一个要素深入分析也会有许多收获。

其一是从关键词、关键细节看。范老师这堂课如果从最基本的教材（文本）要素来看，有许多值得我们关注的地方。要素之一：关键词。比如文章中的一个关键词"虐杀"，学生不知道确切含义，又没有查过词典，范老师就把词典意思告诉学生——虐待人致死——进而引导学生思考该词在课文中的意思是一种精神虐杀。为了让学生理解作者这样说的原因所在，范老师引述鲁迅两个弟弟的说法作为参照，帮助学生加深对文本的理解。要素之二：关键细节。文章中的一个小细节"论长幼，论力气，他都是敌不过我的"，范老师认为很有意义，就不遗余力地启发学生思考，教师引导学生查阅资料，明确鲁迅比周建人大 7 岁，更精确地让学生认识文本的内在意义。

其二是从逻辑结构看。课堂教学的结构也是一个重要的要素，它体现为课堂环节与环节之间的关系。范老师这节课的逻辑结构非常清晰，开头从学生的问题出发，汇聚师生双方的意见。学生的问题就是教学的起点，但不是对学生所提问题照单全收，而是要对学生的问题做梳理。老师要判断哪些问题是有价值的问题，哪些问题应该作为起点，反之，哪些问题是无价值的问题，哪些问题并不是全班同学的共同问题，并不能作为教学的起点，这就需要教师加以判断，这就需要教师的功力，需要教师对文本和对学生的学情有一个非常准确的把握。实际教学中范老师选择了两个重要的问题作为本节课教学的重点，第一个问题是：为什么小兄弟全然忘却了，我的心却更沉重，小兄弟真的忘了吗？第二个问题是：风筝象征什么？文章的写作意图是什么？之后范老师并不是匆匆忙忙让学生草率回答，而是先让学生回忆解决问题的方法，学生提到了"回到课文文本，上网寻找资料"，等等。在学生思考之后，范老师教给学生方法——将问题分解：小兄弟忘却了什么事？我之前为什么沉重？现在何以更沉重？这样一来化长为短，化繁为简。然后再从文本中去寻找相关答案，学生交流，教师点拨。在这个过程中范教师适时地又教给学生一个阅读的方法——关注闲笔，比如对"后来他怎样，我不知道，也没有留心"这句看似闲笔的话，范老师提醒学生给予关注，并加以点拨。我很欣赏这种教法，她不是抽象地教给学生什么方法，而是随教学讨论过程适时点拨学生，水到渠成，学生不觉得抽象，也不觉得盲目，习得效果也更好，其原因就是自然。最后范老师给出新的问题：回想一下，在你的生活中，有没有"折断他人风筝"的经历？现在你是怎样认识的？学生带着问题走进教室，又带着新的问题离开教室。这堂课的逻辑结构是非常有讲究的，"基于学生问题，确定教学重点，抓住文本细节，适时方法指导，深入进行研讨，跳出文本框架，回归现实自我"。这样一个课堂教学的逻辑轨迹是合乎学生认知规律的。

其三是从课程看。从要素与课程的关系看，从更大的范围看，比如从初中阶段的语文教学来看，这堂课也是一个要素。把《风筝》作为鲁迅的散文来教，在初中语文课程之中，这是一篇非常典型的鲁迅散文，范老师实现了通过学习这篇文章，让学生在学习过程中习得一些方法，有助于学生理解鲁迅散文的基本特征。通过这堂课的逻辑演绎过程，让学生习得学习鲁迅散文的一般过程，这就是这堂课的课程意义所在。

其四从课堂氛围来看。课堂是一个"场"，这个场就是氛围，氛围也是课堂的一个要素。比如很多老师评课喜欢从学生兴奋与否，从课堂的热闹程度来谈，但是有不少课热闹归热闹，却是在浅表层次上热闹，水过地皮湿，并没有深入文章内里。很显然范老师的课不是这样的，范老师的课是有梯度的，梯度事关教学的逻辑结构；范老师的课是有深度的，正是因为范老师对文本的理解有一定的深度，而且切切实实地引导学生走进了文本深处，课堂上学生更多的是在思考，所以表面的氛围上并没有显得那么热闹。但是这节课课堂上学生发言不是很踊跃，课堂气氛有点沉闷，这也是客观事实。我们虽然不强求课堂一定要热闹，但调动学生积极表达自己的思维成果、思维逻辑，也是语文教学的基本要义。

课堂场域下的教师用语

到傅雷中学听课，先参观了张老师主持下的傅雷展览室的建设，张老师是语文老师，语文老师就应该是个有品位的文化人，总要为文化的积淀、文化的传承做点有意义的事情，对文化、对文化人要温情脉脉，让文化成为可感可亲的教育教学资源，这是语文教师的责任。

张老师上的是《枣核》，张老师任教的班级，语文课前学生一定要背诵古诗，每堂课如此，这是一个良好的习惯，坚持下去，必有成果。这样教学其实是教人，教学生养成良好的阅读积累习惯。

课文《枣核》这篇文章写于那个特定的年代，1980 年代，作者无非是借说自己的同学爱国、爱民族表明自己是爱国、爱民族的，有那么点托物言志的味道。无法考证是否真有这样一件事情，但我更愿意相信确实有这么一件小事，触动了他，让他借此来表达自己的情感、来申明自己。这篇课文实在不是很好上，原因就是内容、语言太直白了，课文所在的单元是"故乡情思"，单元知识点是寻根，教材编者的编写说明并没有明确具体教什么，张老师重点教孩子了解故乡情思，这符合教材编者的意图。而所谓的"故乡情思"并不是抽象悬空的，而是应该附着在具体物上面的，应该体现在言语上、行为动作上、细枝末节上。张老师在教学之前，要求学生提问，这是基于学生的问题来进行的教学。教学是需要了解学生的问题所在，是需要了解学生基本想法的，但是很可惜，在教学的开头教师没有把学生的问题摆出来。教会学生提问题是非常重要的，应该让学生知道：什么样的问题是重要的，什么样的问题是有价值的。张老师教学重点放在后面4个段落，用了许多方法，引导学生明确文章要点，特别是让学生学习文章写法，并在此基础上让学生仿写，读写结合。有学生写出的文章《油饼》，的确不错，有点味道，且很真实，但整体看来张老师的课堂结构还是有些中规中矩。

教师的课堂用语是值得重视的。多年来，我们倡导师生平等，倡导师生关系轻松和谐自然，再加上有的老师由于长时间执教某个班级，与班上的学生熟悉了，师生之间形成了非常亲切而自然的关系，师生交流用语就比较随意。实话实说，如果是在课堂之外的交流，用语随意也无妨，但是在正式的课堂教学场景下，教师用语就要有所顾忌。课堂教学是公共场域，私下交流是私域，二者不能等同。公共场域之下，用语虽然并不排斥轻松自然，但严谨规范是不可少的；虽然并不排斥幽默诙谐，但不可有歧视用语也是确定的。尤其是课堂用语，更需要考虑教育性这个维度。必须指出的是张老师的课堂用语个别地方还是过于随意了。比如开头表扬本班同学的背诵比农民工子女的班级好了上百倍、上千倍。且不说这样的说法有夸张之嫌，单就话语表达而言就有先入为主的味道，甚至于有点歧视的味道，这会给学生带来不好的影响，教师的不经意，也许成了学生效仿的对象。每个人都是平等的，不能因为他的出身，不能因为父母的职业，不能因为他的家乡，将他划入另类。不要让学生养成以出身、家庭收入、出生地域来看人的习惯，农民工子女也是同学，也是有人格尊严的，不能让他们的心灵受到打击。

　　另外，张教师的板书写了一个"叙描"，我能理解这是叙述和描写的意思，但不应该用此不规范的词语，语文教学就是教学生规范地使用祖国的语言文字，教师一定要做好表率作用。

同课异构

——点评三堂《祝福》课

【一次参加《中国教师报》组织的教学观摩活动，第一节课是北京某中的吴老师上的；第二节是北京某区十二中的刘老师上的；第三节是北京某区一中的张老师。他们三位老师同题异构，都是上《祝福》这一课，从不同的角度切入，有不同的构思，各个老师特点不同，风采各异。课上完之后，三位老师分别谈了自己的设想，最后是我点评。】

很高兴参加今天的活动。非常感谢《中国教师报》，感谢各位领导和老师，给我提供这么个机会，让我来向北京的老师学习。上海的课听过很多，全国各地的课确实也听了不少，但作为我们伟大祖国的首都北京的课没听过多少。今天我向大家学习，学了很多东西。三堂课总体上讲都是非常好的课，三位老师都是非常优秀的教师，都是非常老练的教师，都是成熟的教师，这点我们要肯定下来。老练、成熟、优秀体现在哪里呢？体现在教学目标非常清晰，教学过程也非常清晰，效果也非常明显。这三堂课的效果我们都可以看到，三堂课都是好课！这是总体印象。

一、课堂概括：目标、过程、成效

从听课和评课的角度而言，首先必须再现一下课堂，我先简单地概述一下刚才三位老师的课。从教学目标来讲，我认为这三堂课在教学目标的选择上，都是精心构思、精心选择的。《祝福》这篇文章太长了，是经典课文，是大家熟悉的课文，教学难度是很大的，文章本身有难度，听课教师对课文熟悉程度又很高，当听课教师熟悉程度越高，执教教师教学的难度就越大。所以三位执教教师在选择切入点上，我觉得他们都是煞费苦心的。

1. 解读方式与教学目标

第一节课吴老师的解读方式，我称之为社会学解读。什么叫社会学解读呢？围绕着"祥林嫂之死"的原因来讨论，祥林嫂怎么死的？为什么死的？祥林嫂的死因是什么？是谁之罪？这是一种社会学解读。让孩子们理解社会、理解当时的时代，可不可以？当然是可以的。对不对？当然是对的。这是社会学解读。

第二节课刘老师，围绕着写作方法来设计，他非常突出地抓住"比照式"，由"比照式"的写法引出所谓的原因，引出小说主题。他的解读方法我称之为"文学评论性解读"。围绕着"比照"来解读，抓这个切入口，可不可以？当然可以。对不对？当然是对的。语文的外延和生活的外延相等，既可以从社会学角度来解读，也可以从文学评论角度来解读。

第三节课张老师，从眼神的角度切入，她刚才讲得非常好，"观眼识人"，由眼睛来看人，由人来看社会，我称之为"语文式"解读。从眼神入手，抓住祥林嫂的外貌，抓住祥林嫂的眼神，从这个角度进行解读，进而了解这个人，进而了解这个时代。她这种解读方式和我们通常理解的语文教学的方式是比较相像的。张老师的解读，实际上和前面两位老师的解读是有相关度的，那就是她综合了社会学、文学这两种方式，进行我们通常的语文训练式的解读。

三位老师三种教学解读，三种教学目标，我个人觉得都是可以的，都是允许的，也都是对的。无论从社会学意义上来解读，还是从文学评论意义上来解读，还是从语文教学的角度解读，都是可以的。

2. 教学过程与逻辑结构

我们再来看看教学过程。吴老师的课围绕着"祥林嫂之死谁之罪"这个话题展开，她的架构是"总—分—总"的架构，刘老师的课也是"总—分—总"的架构，张老师的课也可以说是"总—分—总"的架构。

吴老师一开始就把话题抛出来，让学生来说，然后从人到性格，从性格到作用，依此来分析这几个人，柳妈如何，鲁四老爷如何，然后归结到封建礼教。非常清楚，没有旁逸斜出，这就是我讲的过程清晰。我们现在有些老师教学，旁逸斜出的比较多，导致教学的主线不清晰。

刘老师开头让学生说，然后刘老师归纳出四个比照——肖像比照、性格比照、心理变化比照、环境描写比照，可以说整堂课体现出的命运的反差比照，祥林嫂遭遇和周遭人态度比照，非常清晰。

张老师的课读眼识人，由眼观世。就过程来讲我认为没有什么可说的，也没有什么不对的，因为过程清晰是我们语文教学基本的要求。

3. 教学成效与学生收获

从教学效果角度来讲，三位老师的三堂课都给孩子们留下了深刻的印象。从某种意义上讲，第一堂课让孩子们知道了造成祥林嫂之死的悲剧结局的原因在哪里。第二堂课让孩子们知道比照的写法很重要。第三堂课让孩子们知道通过眼神可以观察人，通过眼神可以看出很多问题，等等。这些都是孩子们的收获。

二、问题所在：共同问题、个别问题

问题在哪里？三位老师都是优秀教师，首先肯定他们的课都是好课，在这个基础上我们来讨论如何把课上得更好。还是要说一句话，我是站着说话不腰疼，我自己评论别人肯定很容易，但叫我自己上一堂课，肯定不如这三位老师。三位的课都是非常好的课，我们今天只是讨论问题在哪里，三位老师其实有很多共性和相似之处，相似之处在哪里呢？我可以归纳几点。

1. 共同问题

（1）抑制问题的被动式学习

第一个相似之处，在于三位老师在课前都经过了精心的准备，而且为孩子们提出了诸多问题，但没有一位老师在课堂上哪怕是让学生提出一个问题来！请注意，他们都是借班上课，不熟悉学生，又不让学生提问题。什么是基于学生的教学呢？基于学生的教学很重要的一点是基于学生的实际问题，是基于学生的实际起点来进行教学，三位老师都没有关注这一点。借班上课的关键在哪里？你必须了解学生。了解学生很重要的渠道是让学生提问，我们为什么不让孩子提出问题？

三位老师的这个共同特点非常明显，我们来专题讨论下这个问题。我们设计的教学必须符合孩子的需要，必须从孩子们的角度出发，这是我们教学生的基本出发点。这个我们首先要考虑清楚。我们为什么不敢让学生提问题？因为今天是公开课，因为学生提出的问题很可能多种多样，因为学生提出的问题很可能一时半会儿我们回答不了，因为我们有可能一时半会不能聚合这些问题，所以我们不敢让学生提问题，但这个环节我们是不能省略的。

在课改前，我们讲的是教教材，教材有啥我们就说啥，教参咋说我们就咋说，教参咋写我们就咋讲。我们今天的观点是什么？是用教材教人，用教材教学生。因此，第一位的是什么？应是了解学生，基于学生，根据学生的需要来设计我们的教学。所以应该让孩子们提问题，让孩子们问，根据孩子们的问题我们来设计我们的出发点，来设计我们的教学。但三堂课我们预设得太多，但我们生成的东西太少！我们预设的诸多问题让孩子们按照我们的思路来进入我们的轨道，换句话说，进入我们事先设计好的框框。这是个很重要的问题。换句话说，你们注意到没有，三堂课都是全封闭的教学，而不是开放的教学。什么叫封闭的教学？就是我们把坑挖好，让同学们跳去吧，跳得不准，再让你跳第二次。第一个同学没跳好，第二个同学跳；第二个同学没跳好，第三个同学跳。这是我讲的第一个问题，课堂到底应该封闭还是开放？我们大家需要考虑一下。

（2）滑过文本的筛选式阅读

教学过程当中三位老师提的诸多问题基本上都属于筛选式的，什么是筛选式的？就是筛选课文当中的信息来回答老师设计的问题，来填充老师的问题。我们的老师感觉好像时间很紧，感觉好像很多东西没有讲。筛选式教学的最大毛病是老师们刚才感觉到的教学效果不深不透，换句话说就是滑过文本，滑过经典。《祝福》是经典啊，同志们！经典作品的语言、经典作品的内容，需要我们充分去感知啊。但是我们匆匆忙忙，原因在哪里？

在于我们设计了诸多问题，我们要孩子们回答，没有时间去感知，所以来不及啊，来不及就像赶车子似的，就像赶飞机一样。滑过经典，十分可惜。为什么我们一定要面面俱到呢？我们三位老师都感觉到来不及了，但还是要按照预设做完，就是不自觉地要给听众一个完整的框架。铃声响了，还要继续上课的原因在哪里？就在这里。因为我作为执教老师是这样备课的，所以我一定要给听课老师一个完整的印象。为什么要给一个完整的印象？你作为执教老师想给完整的东西可不可以用别的方式？可以啊。假如你没讲完，你可以把教案发给听课老师，人家就知道了，没必要一定在一节课里讲完。如果时间允许，你可以讲完。事实上上课现场孩子们的情况怎样，老师事先没法把握，于是当时你可以上到哪里是哪里，研究到哪里是哪里。张老师为什么一定要把那么漂亮的图显示出来？这两个图确实特别漂亮，一个心理曲线图、一个总结图，这两个图完全可以事先发给我们听课老师，我们就知道你有这个图，你这堂课没上完，下堂课可以继续。滑过文本，滑过经典，多可惜啊。这篇文章之所以成为经典，就是文章当中有很多地方值得咀嚼。比如老师给了很多原句，在黑板上呈现原句是很好的，让孩子们去想啊，让孩子们去思考啊，让孩子们去感知啊，让孩子们不断地去读啊，去品味啊。"她一手提着竹篮。内中一个破碗，空的；一手拄着一支比她更长的竹竿，下端开了裂。"类似的地方很多很多，值得学生反复去品味，反复去咀嚼。文章作者为什么要这样写？她为什么不提一个"破的空的碗呢"？为什么不带着"一个又破又空的碗"呢？他为什么不把定语放到前面呢？很显然它就像电影慢镜头似的，先将镜头推到一个竹篮，然后一个近镜头破碗，再聚焦这个碗是空的，一个一个地停顿，实际上随着视线的不断推进，最后聚焦在那个空碗上。课中因为老师要赶时间回答问题，所以匆匆忙忙；因为对课文文本的淡化，导致语文的味可能因此就淡化了。

如果不对语言进行品味的话，还叫语文吗？所以我觉得从这个意义上来讲，所谓筛选式的阅读，滑过文本，滑过经典，是值得我们斟酌的。这是我的第二个想法，如果错了，请你们批评。

（3）教师权威的单向度演绎

第三个想法是什么？三位老师的课都是单向度的，单向度的演绎式推进，实际上反映了我们老师教学过程当中的思维流程是怎么样的。我们三位老师的课的思维流程是演绎式的。什么叫单向度的演绎式？很重要的一点是从我们老师自己预设的问题出发，按照教材、按照教参、按照预设的东西的先后顺序来教学生的。正确的做法是应该根据学生的心理特点来教学生，根据学生的问题来进行教学安排。什么叫学生心理特点？举个例子，荷兰有个数学教育家，他认为数学教育就是把生活现象和数学理论之间的鸿沟给它填平。我们必须在生活现象和理论之间架起桥梁来，我们必须把生活现象与理论之间的鸿沟填平。但是请注意，我们三位老师都用的是演绎式教学，教师通过问答式把理论灌输给学生，孩子们很有可能只是记住了老师给的一个个具体的结论。比如，比照式的写作方法，等等。但是我们的孩子弱化了对句子语言问题的感知。为什么不让孩子自己去发现呢？当孩子对很多句子感知了以后，我们再告知比照，可不可以？三位老师PPT的使用充分发挥了灌输答案的作用，我刚才讲的单向度就是这个意思，就好像你们学生再怎么讲，我老师最后会拿出一个标准答案来，PPT就把所谓的答案全部罗列出来了。最后只有张老师肯定了一下学生的回答超出了老师事先预设的，超出了PPT之外的那些东西，这一点张老师做得好。PPT就是教师预设的结论，结论的呈现方式是单向度地灌输给学生，即只有教师这一方面才能提供所谓的标准答案。为什么要这样？给人的感觉就是教师就是真理的化身，教师就是指南，这就是单向度啊。为什么不给学生相应的权力和机会呢？张老师提到了学生给的东西比她的好，超出了她预先设计的。如果课堂是开放式的，就应该把教师预先设计的所谓标准答案统统抹掉，不要那些东西可不可以？为什么要那个既定的标准答案呢？我们不排除有些地方是有标准答案的，但还有许多地方是没有固定的标准答案的，特别是语文课文的理解。这个单向度的坏处在于课堂只有教师自己而没有学生，说白了就在这里。好似学生都是错的，学生不论怎么回答，正确答案都在教师身上。这怎么叫以学生发展为本？这怎么能说学生是课堂的主人呢？我们都在抽象谈教师为主导、学生为主体。什么叫学生为主体？你都把学生变成客体了，肯定就不是主体了。PPT 的坏处我们充分展示出来了，却没有把 PPT 的好处充分使用出来，PPT 的好处就是让大家聚焦，把课文的精彩地方呈现出来，让大家朝那里看，一起来感知。所以我们到底是在教教材还是教学生？这个问题值得我们深思。

（4）盲目正确的标签式问答

下面说说第四个想法。大家注意到没有，我们学生在课堂上呈现的所有东西，即我们孩子们讲的所有东西都是对的。学生回答问题时我们老师没有跟进，啥意思啊？孩子对在哪里？孩子为什么对呀？孩子错在哪里？孩子为什么错了？孩子虽然对了，但还差在哪里？这些我们的老师都没有跟进。什么叫学习？学习从某种意义上讲，就是让孩子试错，让孩子不断地尝试错误，并不断地改正错误。孩子在这个基础上不断地成长了，不断地发展了，这才是我们教育的作用。三位老师的课有一个共同现象，那就是没有一个孩子有错误，都是对的。课改的最大弊端在哪里？就是孩子的一切都是无原则的正确的。学生真的都是对的吗？如果学生不完全对，可能说到一点还缺另外一点，那么他缺什么？学生回答错了，那他为什么错？那老师得告诉他对错在哪里呀。比如，我们的第一节课，老师放开让孩子们讲，这蛮好嘛。但让他们讲，一会儿拔这个学生，一会儿拔那个学生，讲完了究竟是对还是错，不知道。然后第一个讲完，第二个讲，第三个讲完，第四个讲……这种拔旱葱式的教学方式是有问题的。换句话说，我们的孩子到底是对还是错，为什么对，为什么错，他始终不明白。而且我们张老师还讲了句话，她说："我们不存在对与错的问题。"这句话是不能说的。（笑声）怎么叫作没有对与错，没有是非啦？不要怕学生犯错误，因为学生犯的错误是我们教学的重要资源。要把这搞清楚，这就是基于学生的教学。吴老师的课前面是开放的，但学生的问题究竟在哪里，必须给他点出来。一个问题抛出来，多种情况，或者这个问题有解，或者这个问题无解，或者这个问题暂时无解今后可能有解。这个问题有解的话，它的正确答案是什么，正确的思维方向是什么？这个东西要搞清楚，因为我们教师的主导作用主要体现在这里。学生错的地方我们应该指出来；当学生不明白原因的时候，我们要指明原因；当学生不知道改正方向的时候，我们要把方向指出来。当学生没有问题的时候，我们必须把疑问点点出来，于无疑处生疑。当孩子们在同一个层面上徘徊的时候，作为老师的作用在哪里？学生在徘徊的时候始终上不去，我们给他垫个台阶。我们让他向前走一步，向高处走一步。当他没有任何疑问的时候，你得反思真的没有问题了吗？在孩子们可能轻轻滑过去的地方，教师要把他们拉回到文本深处。说实话，今天孩子们可能滑过去的地方很多，滑过去就是浅层次阅读，如果我们仍然在这个层次上解读，就是贴标签式解读。吴老师让孩子们讲这个那个原因的时候，学生所犯的最大错误是标签式解读。学生的回答都贴标签啊，问祥林嫂悲惨的一生是什么原因？答封建礼教。人物的性格分析，也是标签化的解读，那个眼神看出来就是勤劳，那个眼神看出来就是顽强，那个眼神看出来就是反抗。这不就是标签式的解读吗？文本不是这么简单的。

当孩子们是这样的时候，我们教师不能是这样，得告诉他们应该是怎样。让孩子有所收获，有所提升，我们这些工作是不能忽略的。

（5）追求精彩的公开课模式

我们三个老师都是第二课时，请注意这个第二课时，三位老师都是借班上课，第二课时不太好上，因为第一课时人家老师上啥你根本就不知道，第二课时切入进去的话，最大的问题是不知前面如何。对于一个学生而言，前面一个老师上的和后面一个老师上的，根本就不是一个整体，很难协调成一个统一的整体，所以要打破我们公开课的所谓范式。我们公开课最喜欢给自己限定一个框框。啥框框？就是要把最精彩的地方呈现给大家看，这就是公开课。我的观点，什么叫公开课，所谓公开课的第一要义就是研究课，是常态课，因为是常态课才有研究的价值，因为是常态课才有讨论的必要，而不一定要把自己最精彩的呈现出来，把自己框起来，规定得死死的。换句话说，既然是研究课，那么很重要的一点是我们研究什么，这个要搞清楚。这堂课你到底想研究什么？探索研究什么你得明确。研究的角度是什么？你得搞搞清楚。所以从这个意义上来讲，我们不需要完美，我们不需要十全十美，在我看来大凡十全十美的好课都是假课。刘老师刚才讲得很清楚了，他认为语文课是门遗憾的艺术。于漪老师也说："我当了一辈子的老师，我一辈子学做教师。我上了一辈子的语文课，我上了一辈子令人遗憾的语文课。"所以我说公开课不需要十全十美，需要知道你要追求的是什么？今天是同课异构，每一位执教老师这样教学的意义和价值是什么，请三位执教老师要思考一下：为什么这样上？你这样教学的原因在哪里？依据是什么？换句话说，你想探索一种什么东西？必须明确这点。

2. 个别问题

（1）课堂气场

接下来我想讲的是个别性的问题。张老师开头是非常成功的。成功在哪里？在于她驾驭课堂的能力是很强的，非常洒脱。你注意到没有？她问王老师是上课还是下课，上课的铃声是什么，给人一种很从容的感觉。你看她让孩子们朗读一个设计好的 PPT，然后音乐响起，当时我一听心里一震，眼前一亮，一下子把我带进那种情感氛围中。祥林嫂的一生，从开头的 26 岁左右到 39 岁左右，你看她概括得非常漂亮。孩子们的朗读和音乐的配合，形成了整个课堂的气场，这个气场渲染得非常成功。但是很可惜，她的气场被她自己破坏掉了，她一转身马上搞语文训练了，填那个表格，那个表格在课后做练习时让孩子们练去吧，它的功能就是个概括，为什么一定要放在这里呢？这样一来我们的教学就成了训练，好似目标就是冲这个而来的。我们语文要训练吗？当然要训练。但是这个时候我最希望看到的不是让孩子们去填表，也就是说，对人物做标签式的分析重要吗？有多少意思？如果那种练习是不可少的，请注意，课后练！五分钟十分钟就解决的问题，为什么占据课堂上这么多人的宝贵时间。换句话说，这个时候我最希望看到听到的是让孩子读啊，让孩子感知啊，让他们去品读，去品味啊。课文当中为什么一个 26 岁的青年妇女，一个生机勃勃的、身体非常健康的劳动妇女，经过短短的 13 年她就悲惨地死去了？短短 13 年，祥林嫂由一个青春少妇到最后悲惨地死去，原因何在？让孩子去品读和感知！让孩子在具体的语言玩味当中去领悟点什么，领悟一点是一点，感知两点是两点，体会三点是三点。哪知道我们的张老师让学生填表去了，教师自己把自己课堂的气场破坏掉了。德国大哲学家雅斯贝尔斯曾说过："训练既可以针对人，也可以针对动物。而教育是仅仅针对人的。"很好的一个开头，结果让人感到很可惜。

（2）小组合作

刘老师是小组合作式学习，小组讨论，但刘老师课堂上的小组合作式是不标准的。所谓小组合作式学习，它首先要考虑小组成员之间的构成，需要差异最大化，你看我伸出手，五个手指头不一样长短，不一样粗细，这样构成的拳头握起来作用才最大。小组合作式需要小组成员之间要差异最大化。我在建平中学任校长的时候，我是语文特级教师，我找三个人当我的副手，一个教数学的，一个教物理的，一个教生物的，为什么？因为他们的思维方式和我不一样。如果我想到，他也想到，我没想到他也没想到，意味着什么？我还要他做副手干什么？这样就毫无价值了。只有他们跟我不一样，我们组成的团队才效益最大化。小组合作式在今天的课堂，刘老师你是不方便使用的，因为你根本不知道这些孩子是怎样的，你根本就不了解他们具体情况如何。而且小组是有分工的，谁来组织，谁来发言，谁来记录，但刘老师的课堂基本没有做任何分工，换句话说，这个小组其实根本就不是小组。这是你细节上的问题。

非常高兴跟大家聊这些，非常高兴能到北京来听课。我这样直来直去的话语方式是性格养成的，说话不会拐弯，容易得罪人，请三位老师包涵啊。我们是在探讨怎么把课上得更好！在这样的情况之下，谈这些批评这些建议，实话实说可能是一家之言、一孔之见，未必正确，仅供参考。谢谢大家。

学科特性与学生提问

【到金山亭林中学听课，常老师执教《香菱学诗》，这是"双名工程"展示课。】

每个学科都有不同于其他学科的学科属性。我常听到语文老师说语文课要有语文味，查了查百度，百度上面说："语文味的最高形式，主要体现在教师引导学生凭借自己的经历、阅历和文化积淀，去体味、感悟作品，引导学生在充分的思维空间中，多角度、多层面去理解、鉴赏作品，产生对文本的情感美、文体美和语言美的认同与赞赏，并产生强烈的阅读欲、创作欲，这样，在长期的濡染中培养学生的语感和美感，触发学生的灵感，丰富学生的精神世界，涵养学生优美的文明气质和优雅的文化风度。久而久之，学生身上洋溢着浓郁的语文味即文化味，学生的语文能力、语文素养和文化品位、健全人格层次得到了提升，同时也就意味着，学生具有了获取人生幸福（特别是精神幸福）生活的能力和素养。"很显然这个定义是包罗万象的，琢磨了许久，我以为所谓语文味就是语文学科课程特殊属性在语文课堂当中的表现，语文的外延和生活的外延相等。语文学科与其他学科有许多共性的地方，但也有其不同于其他学科的特殊的地方，那就是汉语语用，即汉语的语言运用，这是其他学科所不具备的教学目标。规范性、得体性是语言运用的基本要求，是语言交际能力的核心要素，也是语言使用者或学习者语用能力的评价标准。语言的规范得体主要体现为话语是否与社会文化语境和社交语境相符合，语言运用的文化特性也因此体现出来。所以语文教学突出语言运用，突出语文运用的文化特性，这是语文课语文味的主要内涵。

常老师这节课就是一节很有语文味的语文课，主要表现在常老师在课堂里紧紧扣住语言运用。常老师的文本意识很强，让学生在课堂里反复研读文本，品味词句，从重点词语"苦""笑"等词入手赏析小说人物形象，然后化繁为简，通过香菱这一人物形象的赏析，教师呈现香菱判词，让学生了解香菱身世，知人论世，知世论人，感悟《红楼梦》的主体意义。这堂课的逻辑结构是从词语到人物，从人物到作品主题，非常清晰的主干线索。当下语文课堂读文本，常有两种情况，一种是读文本，获得感悟，获得一种思考，或质疑，或提炼判断；一种是读文本，是为了找论据，是为了印证，是为了回答教师的问题。常老师的课无疑是前者，培养学生感悟文字的能力。对于后者是我们要当心的，为了论据的阅读很显然弱化了学生的感悟能力，思考能力，纯粹只是一种信息筛选能力。常老师始终是在教学生，甚至让学生评价教师自己的对联，常老师这个对联很有语文特点。"好学"为什么偏说"苦吟"？在看似矛盾之处生疑，提请同学注意，雕词凿句，深挖细嚼，很有语文味道。常老师让学生读文章，让学生划出来关键语句，然后用自己的话（用句子、用段落）说出自己的感受，说出自己的理性判断，而没有一味地强化板书意识，因为板书固然形式整齐，但内容常常是空洞的、干巴巴的词语。

课一开始常老师让学生提问，作为教师都知道，学生提问既是有利的，也是有不利的。有利的地方在于老师了解了学生的问题所在，可以实现从学生出发进行教学。不利之处在于，放开让学生提问，一般情况下，学生各自从自己的阅读感悟、思考出发，所提问题往往是支离破碎、零零散散的，如果完全按照学生问题，常常就会导致课堂没有一条逻辑主线。因此有经验的教师总是既要让学生提问，又要对学生的问题进行适度加工处理，也就是要把学生问题做有序化处理，这个有序化的过程其实就是与教师预先对课文逻辑把握的一致化的过程。

本节课上学生提出了诸多问题：香菱为何要学诗？香菱为何不放弃学诗？香菱是一个怎样的人？常老师在处理学生问题的时候经验还不够老到，急于回答学生的问题，问一个答一个，导致课堂主线不明，而且很容易陷入教师只针对个别学生答疑的局面，课堂的群体教学意义无法发挥出来，看上去像是教师个别答疑课。事实上学生提的几个问题都很好，都与教师预设的问题关联度很大，只要稍加转化就能立刻回到教师预设的主干上来。比如学生提的"香菱为何不放弃学诗"，教师通过具体跟踪追问马上就可以转到正题上来，比如教师可以追问：香菱遇到什么困难？她是什么态度？"苦""乐"立刻出来。对于学生没有问到的问题，教师可以补充提问，比如：作者为何要写这样一个人？为何要把香菱写成这样？通过老师补充提问，这堂课的教学目标就完全体现出来了，这样课堂教学就既有学生的思考，又有教师的思考，可谓珠联璧合。

在游泳中学会游泳

【到上海市第八中学，参加黄浦区"双名工程"展示活动，听了郭老师执教的《一碗阳春面》，谈点想法。】

《一碗阳春面》是一篇微型小说，这堂课的目标在于借助学习、鉴赏这篇课文，学一点文学作品欣赏的方式方法。执教者郭老师设计的巧妙之处在于案例式教学，而非采用演绎式教学。演绎式教学，常常是概念先行，从知识出发，介绍什么叫文学，什么是鉴赏，什么是文学鉴赏，文学鉴赏的规律和方法又有哪些，诸如此类。如果是这样教学，一定会走进大学教学的圈套里，其结果是学生只学会干巴巴的几个概念，却没有掌握生动活泼的、活的方法，最终学习效果不尽如人意。郭老师全然不是这样，他从一篇课文入手，让学生借助这篇课文的学习去习得一些鉴赏的方法。即使是这一篇文章的学习，他也是采用游泳式教学法，或者叫下水式学习法，教师一开始就不充当传统教师的角色，不居高临下地教给学生什么方法，而是一竿子把学生统统打下水去，没有一个人留在岸边，没有一个人做旁观者。让学生自己去阅读，自己去品味，自己去欣赏，教师的意图很明显，让学生在游泳中学会游泳，在阅读中学会阅读，在鉴赏中学会鉴赏。

作为教师只是在需要的时候，给予学生适当的点拨、提醒、追问。课一开始教师将学生引入阅读的池子里之后，就让学生读书，让学生品味，让学生自己从文章中感动自己的地方入手去鉴赏，这是文学欣赏课，理应如此。本文的一个重要教学目标就是引导学生通过细节的品读理解细节描写对表达作品主题的作用。教师并不是抽象地介绍方法，介绍细节的意义和作用，而是通过提问让学生把目光放在课文细节上，聚焦细节。一开始教师就以一连串的细节问题询问学生：相隔几年？面的数量有无变化？吃面的时间？买面时的心态？这些问题的提出让学生意识到要关注细节。当学生大都把目光集中在前半部分的时候，教师适时提醒同学关注后半部分，注意后半部分的意义和作用，学生恍然大悟，于是开始关注后半部分。教师的这个提醒有着四两拨千斤的作用，这就是教师的智慧之所在。看似漫不经心，其实步步匠心独运。

现在的教师都知道在教学中要以学生为主体，但一到课堂就有许多人把这一理念忘掉了，总是在代替学生，代替学生学习，代替学生思考，代替学生表达。不敢让学生下水，总是在喋喋不休地介绍游泳的方式方法，游泳的基本策略，游泳时的四肢协调配合，但就是不让学生下水。末了大家就看到老师自己跳入水中，代替学生游泳，然后不断地在水中做出示范动作并加以耐心地解说。这样的教学之下，学生永远学不会相关技能，学生顶多只是记住了相关知识要领，这些是"僵死的知识"，但学生并未习得"活性知识"。心理学研究表明，大凡在问题解决中有用的、能处于迅速且确凿地被唤起状态的知识，谓之"活性知识"，诸多"僵死知识"是作为语言性命题与事实在记忆中储存起来的，沉睡在大脑的海底。让学生在问题解决的过程中学习的知识就是活性知识、活性技能，这样的知识技能在今后遇到情境就能迅速被唤起，也就是说，这样学习，学生习得的才是真实的素养。

当然，开放的课堂对老师的考验也是非常明显的，特别是对老师的临场反应要求比较高。看到学生出现问题，教师要立刻做出反应，然后选择一种有效方式加以指导；如果是教师自己的问题，教师应该立刻加以纠正。比如关于距离，由于学生不知道这篇文章当时的时代背景，所以很难很快进入作品的情感世界，有些学生还会认为这篇文章的感情读起来很矫情，有点假。这个时候教师就应该适时给孩子们提供相关的时代背景，让孩子们理解二战之后日本人真实的生活境况，进而理解作品，这就是所谓的给支架。再如关于齐读，教师在课上让学生三次齐读有关段落，这篇文章通过一系列的细节描写着眼于渲染一种浓郁的情感气场，其实不适合于齐读，适合于默读，默读更容易走进作品细腻的情感世界，或者是一个人读，读出感情来，创造一种浓重的情感氛围，进入作品的意境。而教师现场没有反应，观众眼睁睁地看着学生的齐读一次次地破坏了课堂情感氛围，这不能不说是一个小遗憾。

尊重教材与校本创新

一段时间以来，学校教学中常常听到一种代表性说法，就是国家课程校本化实施，与之相配套的就是所谓"国家改教材，学校改课堂"的课程改革，于是一波又一波的教学模式探讨风起云涌，你方唱罢我登场，好不热闹。不能简单地否定来自一线的教学探讨，他们在课堂教学的实践层面上的确做了不少有益探究，也确实有一些可取之处，但我们也不可小视其中所带来的一些问题。

曾经到过云南某地一中听程老师上李白《将进酒》一课，这是人教版高二语文选修教材《中国古典诗词欣赏》中的课文，这个教材编写设计者是把"因声求气，吟咏诗韵"这一鉴赏方法作为单位教学的主要目标的。清代桐城派散文家刘大櫆提出"因声求气"的说法，他说："行文之道，神为主，气辅之。神气者，文之最精处。"借助诗歌声韵特点，去把握诗歌的精神思想，去理解作者的气质情感。但整堂课程老师忽略了教材单元的基本要求，根本不提"因声求气，吟咏诗韵"，在整个教学过程中，也基本不以诵读为主要策略。这堂课就是开头读了一遍《将进酒》，结尾读了一遍《将进酒》，就不再读了，如何"因声求气"，如何"吟咏诗韵"，教材的意图如何体现，教材设计的目标如何实现，看来统统弃之一边。这是语文教学的创新吗？这就是语文课程改革吗？我以为所谓国家课程校本化实施，其含义首先是尊重国家课程的基本思想，尊重教材编写者正确的课程设计；其次在尊重国家教材的基础上，结合学校学生的情况做切合实际的教学设计，这才是国家课程校本化的要义之所在。语文教学的一个重要功能就是用文学滋养学生，《将进酒》这首诗歌就是中国古代经典诗歌的代表之一，要学生熟读成诵，在此基础上"因声求气，吟咏诗韵"，去探求诗作的基本思想，去体会作者的气质情感。学生朗朗上口的诵读，久而久之慢慢就把中国文化内化到自己的血脉之中，从而积淀为流淌在血液里的民族文化基因。比如程老师这堂课有一个细节是比较传统的做法，让学生说出古人关于"愁"的诗句，这是一种重视文化积淀的很好的做法。因此看来教材的编写者将本单元定位为"因声求气，吟咏诗韵"是完全正确的，教师必须予以尊重。

程老师校本化的创新主要体现在导学案的使用上面，严谨地说还算不上创新，是借鉴别人的经验做了个导学案，但在使用的过程中要注意导学案的利弊。导学案一方面提供了相关的背景，这很好，有助于学生理解诗句，还设计了很多问题。问题的设计有一定作用，比如针对性强了，让学生从问题出发；但也有坏处，就是学生感受性弱了，为了回答问题而读课文，读教辅，很多学生是通过读教辅来寻找答案，教辅当中有许多现成的答案，学生只要直接搬过来就可以了，结果学生失去了自己品读感悟的过程。而本单元的教学目标恰恰又是"因声求气，吟咏诗韵"，而程老师的教学却又抛弃了学生诵读，其实读与问完全可以结合，先让学生读，在熟读的基础上产生问题，让学生自己提问，最好来讨论解决学生的问题，而不要一味地教师提问，学生应该学会提问。让学生背诵全诗之后，让他们用自己的话把诗歌的感情脉络说出来，不要生硬地扣上几个词来概括(悲——乐——愤——狂)，事实上，这几个词学生手中的教辅读物里都有。

程老师校本化的创新还体现在课堂最后一道探究题的设计上，题目是"如何看待李白嗜酒如命的放浪行为"，让学生就此展开辩论，有正方，有反方。不得不说这个论题偏离了本单元的语文教学方向，离开了课堂教学目标，专门就作者的一个嗜好来讨论，这个校本化创新跨度也太大了，完全置课程教材的目标于不顾了，不能不说太欠考虑了。在辩论过程中，反方完全是从功利的现实角度来评判的，诸如"身体是革命的本钱，保护好身体才能更好地为人民服务"，这些论据和论证都已经完全脱离了诗作本身，甚至已经离开了文学，离开了语文课。而且当学生这样论说的时候，教师并没有觉察出问题来，反而是说课下继续讨论，没有给予及时指正。出现这样的问题完全是由于教师不合适的论题设计而引出来的，这样教学已经完全脱离了语文教学的基本方向。

书生校长的听课笔记

当了 20 年的校长，我当然知道作为一校之长应该抓大事，应该抓规划，应该做领导，确立一所学校所该做的正确的事，但是我仍然执着地认为，校长不进课堂，不听听教师的课，不与老师做关于课堂的交流，这所学校无论如何是办不好的——课堂是学校一切工作的基础。我甚至得出一个武断的结论：要判断一所学校、评价一个校长，最好的、最简单的方法就是看看校长一个学期下来，一共在学校待了几天？一共听了几节课？做了哪些事？

我所在的学校基本上都是青年教师，听课评课就是学校管理的基本常态方式。青年教师当然应该让他们了解课程改革的新思潮，但更不能忽略的是他们的教学常规，课堂细节常常是他们的薄弱环节，指出并帮助他们改进教学细节，才能加快他们的成长。

不久前听了几节课，发现了不少亮点。亮点之一：引导学生走向深入。课堂上让学生提问，让学生就课文提出问题，但不是仅仅满足于让学生把问题提出来而已，教师还能够超越学生，让学生就大家所提出的问题进行归类分析，这就进了一步；教师在学生的基础上还能就思考分析这些问题提出新的理论支架——目的论、机械论、文学本体论，等等，这就又进了一步。亮点之二：有的课堂显现了初始结构化思维的特征。比如通过思维导图来理清文章脉络，让学生对文章有个整体把握，改变了那种只抓细节、忽略整体的毛病。亮点之三：试图注意课堂教学的效率。有的老师课堂教学伊始就开门见山提出了教学目标，学生明确目标之后课堂上基本能够围绕目标运转；有的老师，在学生背诵之后，给予即时检查——让学生默写，提高了有意识记的效率。

问题主要表现在四个方面。其一就是教师越位导致遮蔽问题，这是最急需纠正的错误做法。按理说，课堂教学要以学生为主体，也就是在课堂上要让学生大胆试错，该学生说的，教师绝不越俎代庖；该学生做的，教师绝不越位；学生说不了的，教师再说。而我们一些老师总是喜欢代替学生，代替学生尝试，代替学生思考，代替学生练习，代替学生表达，这就把学生的问题全部遮蔽掉了，导致教师根本无法了解学生的问题所在、症结所在。其二就是缺乏结构化思维。整堂课缺乏整体构思，上一个教学环节与下一个教学环节之间逻辑关联度不高，没有那种环环相扣，逐层递进的感觉，而且呈现的知识常常是碎片化的，没有建立一个结构框架，这样一来学生对知识的掌握就容易碎片化。其三就是课堂教学目标不够具体清晰。所谓课堂教学目标就是让学生做什么、达成什么，更进一步要求就是让学生在多少时间内完成多少事，完成的质量如何，这就是所谓的课堂教学的水平要求。最好的方式就是在课堂教学开头教师就应该把明确具体的目标告知学生，很可惜许多教师没有把目标明确示人，导致学生整堂课上不明教师意图，影响教学效率。其四就是多数课堂教学普遍缺乏深度思考的问题。有的课堂完全具备这样的契机，却被老师轻轻放过，这样下来，学生的思维几乎都停留在课文的表层，滑过了文本，浪费了很好的课程教材资源。

　　青年教师更多的是细节方面的问题。以一节英语课为例，有三个环节，第一个环节，小组讨论，一分钟不到就结束了，这个小组合作讨论显然没有意义。第二个环节，教师罗列了各种文体概念，但学生不知道用意何在，是在识字层面上掌握这些词语的意思和写法，还是了解文体知识？如果是前者，只要反复带读，背诵，辅之以适当造句，即可达到目的，然而教师却反复问，边问边说，似问非问；如果是要让学生了解这些文体，可以采用归类的方式，让学生将这些文体归类，学生即可清晰了解不同文体的不同特征。第三个环节，让学生读一段文章，然后让学生就一个主要人物画出相关的思维导图，分小组进行。请注意，既然是分组进行，就需要给小组成员做出分工，每个人承担各自的任务，小组合作式学习的作用在于分工合作，所以没有分工，分组的意义就不大了。学生分小组画出思维导图之后，理应让学生分组逐一呈现自己的作品，结果老师急于求成，自己在黑板上画出思维导图，边问边说。这个时候完全应该让每组学生呈现出自己的作品，然后让其他组去评说，或者说出自己组不一样的画法，或者加以比较，比较各组的异同，谈谈自己的看法，要求学生不要重复别人的观点，一定要有自己的看法。为什么不让学生呈现自己的作品呢？也许学生的作品会超过老师的作品。事实上，教师所呈现的思维导图，只是发散地罗列了若干个概念，但没有标示出概念之间的关系，而思维导图的重要功能之一就是呈现概念间的关系。

　　听课之后，我逐一和青年教师交流，共同反思，探讨如何改进课堂教学。

语文课堂教学的几个问题选项

最近参加语文课堂教学艺术研讨会，听了几节课，想到了几个问题，评课环节我就把问题抛给与会的语文老师：语文课到底是教课还是教人？语文课是一定要结构完整还是要结构合理？语文课是教文还是教言？语文课是细读还是碎读？

语文课到底是教课还是教人？其实这个问题单独抽出来，今天的语文教师都会说是教人，并能完整地说是通过文本来教人、教学生，但是在实际课堂教学的过程中我们常常就把这个根本问题搞错了。特别是我们的公开课，教师准备了充分的内容，主观意识上认定一定要把课上完，给专家、评委一个完整的印象，也就是说老师脑海中全部都是课，不管学生是否能够跟上，是否能够理解、接受并消化教学内容。借班上课的公开课，教师根本不了解学生，不知道学生的实际程度如何，不知道学生学习习惯怎样……特别是语文公开课，除非任课教师特别强调、特别督促，一般学生不会去事先预习，几乎是对课文毫无所知的情况下开始了这堂课的学习。这次的公开课《云南的歌会》就是这样一种情况，文章太长，文章所写又非常细碎，学生在对文章几无了解的情况下进入课堂，教师在简单地介绍了作者之后，开始提问，学生不知如何是好，不举手，不主动回答，老师无奈，只好点学生回答，学生或简单说两句不着边际的话，或干脆默不作声，场面极为尴尬。这个时候教师内心特别容易着急，因为他心里装着的完整的教学设计必须一一兑现出来，生怕完不成教学任务，只好催促学生尽快从文中寻找答案来回答，从而又导致学生紧张，过目不过脑，回答出来的答案可想而知，课堂于是走向恶性循环。如果我们把教学定位在教学生，而不是教课，那么我们面对学生的实际情况，就要及时调整，就要迁就学生，就要放慢脚步，放慢节奏，让学生认认真真地把课文读一遍，带着问题再读一遍，让学生将课文入眼入心，然后再来讨论相关问题。

语文课到底是要讲究课堂结构的完整性，还是要讲究课堂结构的合理性？从教学设计的角度而言当然要讲究课堂结构的完整性，起承转合，开头结尾，前后呼应，一篇课文的教学完整性，这是不容怀疑的。但是就一堂具体的课的教学进程来说，基于学生实际情况，未必一定要在指定的时间里完成教学设计的所有内容。诚如上面段落所说，教师必须关注学生的实际接受度，必须控制、把握教学节奏，因为教学设计毕竟是设计阶段，是否符合学生实际还有待于课堂教学检验。学生基础好，课堂教学节奏可以快一点，教学内容可以拓宽一点，可以加深一点；学生基础不如意，课堂教学节奏应该慢一点，教学内容应该紧凑一点，紧紧围绕基本问题进行，无须拓宽，不必加深。因此实际课堂教学进程中我们应该讲究的是课堂结构的合理性。所谓合理性，就是教学目标、教学内容、教学节奏符合学生的实际情况，教学的环节与环节之间有着内在的逻辑性。让学生可接受，让学生有所得、有所获，而不能让多数学生处于似是而非的夹生饭状态。也就是说，既然我们承认语文课是教人，而不是教课，那么在实际课堂教学中我们就必须追求教学结构的合理性。

　　语文课是教文还是教言？也就是说语文课到底是教文章中的内容，还是教如何运用语言表情达意？我以为语文课当然不可能忽略语文教材中选文的内容，但是从根本的意义上说，语文课还是主要教学生如何理解、如何运用语言。语用是主要目的，但并不排斥文章内容对人的教育意义，甚至要积极发挥并利用文本本身所具有的人格教育作用来教育学生。在实际教学中，我们语文老师切不可置本职工作于不顾，只是单纯地教授文章的内容，只是单纯地挖掘文章的道德教育意义，这样做毫无异议是偏离了语文学科教学的主渠道。这次公开课《奶奶和1973年的诺贝尔奖》，就是把课堂教学目标定位在内容上，设置了一些关乎文章内容的问题，组织学生讨论，诸如为什么近？为什么远？奶奶为什么没有获得诺贝尔奖？谁笑得更幸福？是劳伦斯因为获得诺贝尔奖更幸福，还是奶奶更幸福？这些问题全部是关乎文章内容的问题，整节课几乎没有一个涉及语言运用的问题。很显然教学目标定位偏离了正常轨道，特别是谁更幸福这样的问题，仁者见仁，智者见智，完全属于主观性很强的个人感受，完全没有必要非得比出一个长短来，以此比较几无意义。

　　语文课是细读还是碎读？所谓语文细读是针对语文教学忽视文本，泛泛而教，泛泛而谈，大而空的现象而提出的。应该说细读文本的主张无疑是正确的，强化语文教学中语言运用的重要意义，回归语文本体，落实语文教学的基本任务。在实际的语文课堂教学中，不少语文老师开始着眼于课文的语词分析、语句分析，组织学生讨论词句修辞，这些都是好的现象，至少还是语文教学的任务所在，但是我们也吃惊地发现，也有不少语文老师开始烦琐化了，一堂语文课充斥了大量这样的问题，这个词好在哪里？为什么要这样用？换一个语词可不可以？删去可不可以？对句子的赏析也是这个路子，甚至对标点符号也开始这样赏析。天哪！选入课文的作品应该说都是好的，至少有好的一面，但是文章虽好，未必字字珠玑，未必句句美妙，未必标点个个都显示微言大义。我们的语文老师煞费苦心，挖空心思，费尽心力，找了一堆这样的词句、标点，做了许多牵强附会的解读赏析，然后生拉硬拽地让学生顺着教师的思路去找到所谓的妙处、好处，一篇不错的文章就被老师活生生地解剖成支离破碎的碎片、零零散散的破烂货，这样的细读就走向了碎读。这次执教戴望舒《萧红墓畔口占》一课，就有这种现象，一首短诗，一共 4 行，不算标题一共 36 个字，在一节课里教师就是反反复复地提问，然后让学生反反复复地回答，来回倒腾，最后把一首很有味道的诗歌，教得味同嚼蜡，真真浪费了一首美好的诗作。老师的有些问题更是毫无必要，比如教师让学生理解诗作中提到"放一束红山茶"，为什么是"红山茶"，而不是其他的花？而且教师的答案当中说是与萧红的"红"有关，这也太牵强附会了。这样教学还不如先让学生读诗作，然后让学生谈谈自己读出了什么；其次教师指导学生再读诗作，让学生谈谈理解到什么，最后教师谈谈自己读了诗作之后自己领悟到什么，联想到什么。所谓细读与碎读的区别就在于，我们所选择的文本细节是否与文章的核心要害有关联，或者是否与文章的主旨有关联，或者是否与文章所写的核心对象（人或物）有关联，或者是否与文章的核心事件有关联。如果有关联，且这些词句的确具有微言大义，具有十分鲜明的、特色化的表情达意的效果，精选几处加以品读，这就是文章的细读，细读不忘主体，细读不忘全局。反之，就是碎读，碎片化的阅读。碎读教学导致学生眼中有词、心中无文，支离破碎，成不了气候。

　　总之，语文课堂教学是教人，既然是教人，关注的就应该是课堂结构的合理性，合乎学生实际；语文课不同于其他学科，其本体意义主要在语言能力的习得，因此其首要任务就应该是着重于提升学生语言运用的能力，教学过程应该细读文本，但不是碎读文本。

试误是师生成长的资源

行为主义心理学家桑代克主张学习就是试误，他认为，学习实质上是通过尝试与错误的过程而自动形成刺激——反应的联结，形成新的条件作用。桑代克认为，动物的基本学习方式是试误学习，人类的学习方式可能要复杂一些，但本质是一致的。他从动物学习研究中，试图揭示普遍适用于动物和人类学习的规律。桑代克据此认为，学习的实质就是有机体形成"刺激"（S）与"反应"（R）之间的联结。他明确地指出"学习即联结，心即是一个人的联结系统"。同时，他还认为学习的过程是一种渐进的尝试错误的过程。在这个过程中，无关的错误的反应逐渐减少，而正确的反应最终形成。根据他的这一理论，人们称他的关于学习的论述为"试误说"。

我当然知道动物与人类学习是有差异的，但试误一说也确有其合理的因素，学生就是在学习过程中不断地学习，不断地犯错；不断地反思，不断地纠错；不断地改正，不断地提升；不断地发展，不断地成长。

我到云南蒙自听了两位成熟、老练教师上的课，一堂物理课，一堂数学课。两堂课学生错误很少，数学课堂上学生犯了一些错误，老师针对学生的错误进行了简单的分析；物理课上学生几乎没有错误，因此教师也就没有针对学生进行相关的指导分析。物理课上学生几乎没有不理解，没有不会，没有问题，单就这一点来说，就可以得出一个判断，这堂课学生没有增值，就是学前与学后没有差异，一般情况下，很可能是教学目标设计太低。实际观课过程中，我发现这与课堂教学过程中教师的问话方式很有关系，教师在问话的话语中几乎包含了答案，至少是包含了答案的提示，这些是拐杖，于是学生很快就正确回答出了老师的问题。也就是说教师不给学生拐杖，学生就不会走路，因此这样的教学，学生的能力并没有真正形成。这就是说教师在问话中是给了学生不该给的答题资源，导致学生无须思考即可轻易解答，弱化了、甚至取消了学生深入思考、不断试错的过程。教师课堂上正确的做法应该是给学生以方法，让学生自己去尝试解答问题，让他们积极思考，不要怕学生犯错误，这是他们提高成长的资源。

现场观课过程中，我还发现两位老师也有不少教学上的共同点，课堂上几乎只采用了一种教学方法，那就是教师问，学生答，而且基本上是大合唱的方式，学生齐答，合唱的结果是遮蔽了学生的问题，就会出现滥竽充数的状况，有些学生事实上没有搞懂，但在大合唱的背景下，让老师以为大家都搞懂了。运用问答式的教学方式未尝不可，但问题的关键是应该给学生提问的机会，两节课下来，学生没有提出一个问题，因为教师没有叫学生提问，教师没有给学生机会。学生在学习过程中无疑无问，这是极不正常的，如此下去成了一种习惯，学生就不会发现问题了。

相比较而言，数学老师采用归纳法进行教学，给了学生训练的机会，让学生就题目归纳出有关定义，什么是解方程，什么是方程的解，最后比较课本上的定义，找出差异，明确原因，提升自己。物理课几乎都是演绎法，从定义出发，然后去解题。相对而言，归纳的思维方法，更加有助于学生学会独立分析问题，从现存的问题出发，来探究如何解决问题。数学课有一点开放度，老师不时地在课堂上提问：还有没有别的解法？还可以怎么算？物理课关闭得比较紧，一点开放的缝隙都不给。数学老师还尝试着采用新的教法来进行教学，也就是对同一情境先后采用多种反应方式，当一种反应不能适应外在情境时，就让他们换一种方式，由此促发学生产生另外一种新的反应，不断变换，一直到某一反应最终导致满意为止。

物理老师教了 17 年，数学老师教了 12 年，两位熟练的骨干教师，如何进一步发展成了问题。如果没有变化，按照惯性任其下去，也许会积累一些经验，但经验是一柄双刃剑，经验一方面为我们的教学提供了解决问题的老方法，另一方面固守经验不加变化，老方法解决不了新问题，经验就成了妨碍教师进步的绊脚石。教师作为学习者的态度在决定他的行动和成功等方面具有重要意义。学会反思，并自觉反思，努力尝试新的教学方式，以适应不断变化的世界，不断变化的现实，不断变化的学生。教师不断试误，不断总结，不断改进，其实也是教师专业发展的必由之路。

不变不进，不进则退。诚哉，斯言！

语文教学内容的动态生成

【在上海市宝山实验学校参加"语文教学内容的动态生成"主题教研活动，这是上海市教研室组织的活动。上午9：00—11：40先后听取了宝山区某实验学校熊老师、崇明区某学校欧老师、浦东区某中学张老师的三堂课。】

熊老师是一个教龄只有五六年的教师，课上到这种程度，已经很不容易。特别是让学生读第一个场景，音乐响起，教师说：当……，音乐没有停；学生说：当……，音乐没有停；……气氛渲染得特别好。遗憾的是教学过程中教师没有留给学生更多的弹性空间，分析作品的过程中常常有贴标签式的鉴赏，没有质疑，没有追问。

欧老师的课让学生提出了10个问题，但学生提出问题之后，教师将这些问题弃之一边，不闻不问，这等于把孩子们耍了一下。学生就是课程资源，学生所提的10个问题，有4个指向侍者，我们教师就应该引导学生关注侍者，去分析，去讨论，这就是基于学生的教学。教师的提问以及预先设计的答案要周延，如教师提问："为什么音乐家们会如此镇定？"学生的回答是因为他们热爱音乐。显然这个答案不能让教师满意，教师追问："热爱音乐的人都会镇定吗?"这个追问是可以的，但是后面教师自己的答案却值得商榷，教师的答案是因为他们所热爱的东西有超过生命的价值，因为他们的爱达到了一定境界。这种反证法太抽象了，不能让学生信服。

张老师的课，课前将学生心理调节做得很好，学生很快入境。开头很大气，让学生读标题，从中获取相关信息：时间、地点、事件，天不逢时，地不利，人和还欠条件。课的最后环节，教师设问："感动我们的最高奖颁给谁?"学生答："老船长。"教师："那么请大家给老船长写一个颁奖词。"这个环节设置得有问题，文章本来写的就是群像，其他人物都是为男女两位主人公设置的背景，群像重在共性，群像中还要选一个最佳的，毫无必要，这种设置脱离了文章实际。

本次活动是"语文教学内容的动态生成"主题教研，这次活动的组织者所选课文是非常适合本次活动"动态生成"的主题的。课文选自好莱坞的电影大片，但它不是文学经典，是一篇人工痕迹很深的作品，可以说是斧凿之作，但它仍然是适学之文，适合初中学生学习的作品，因为文章的写作技巧经教师点拨学生还是能够辨识得出来的，有些优秀学生无须点拨也能辨识得出来。这是这堂课开放的基础，也是让学生生成的先决条件。

文章选择三种人——音乐家、老爵士、老船长，既突出他们身份不同一般，而且还突出在这一身份人群中的不一般，因为不一般的人，才会有不一般的修养，才会在危难时刻显示出特殊的精神。写的是群像，因此毫无疑问要突出人物之间的共性——在不平常的时空下，表现如常的行为，体现出不平常的意义——面对死亡，展现人的镇静，人的从容，人的如常，体现人的尊严。但是太多的共性，文学就缺乏美感了，于是作者想方设法要写出三者的不同——音乐家用艺术传递精神；老爵士用外貌展现贵族的气质；老船长以殉船体现职业操守。写法上尽量变换不同的手法——写音乐家更多的是写动作；写老爵士更多的是写外貌；写老船长更多的是写心理。又比如同样是用环境衬托，写音乐家、写老船长都用人来衬托，但是写音乐家是用周围人的慌乱来反衬，是虚写，写老爵士是用侍者来衬托，是实写，而写老船长则是用物来衬托，用海水来衬托，同中有异。这都是作者的匠心所在。

教师只要让学生充分阅读，然后提出教材的学习建议：阅读课文后想想为什么有这样的表达效果。接下来的课堂讨论应该可以生成不少东西。但是很遗憾，三位执教者在这一点上恰恰没有做好。

熊老师是因为预设的答案太多，因此难以生成。从教师口中背诵出诗一般的优美答案，就决定了这堂课学生不可能生成什么东西，因为老师不断地想启发学生往教师预先设计好的标准答案上靠，结果就无法生成。

欧老师的课是教师预设的问题太多、问题太具体，因而难以生成。很多问题都是要求学生异口同声地回答，凡异口同声回答的问题都不是问题，无法生成什么精彩的东西。

张老师的课都是教师设问，没有学生提问，所以难以生成。张老师所设计的问题都是肯定性解读，没有任何质疑，教师完全掌控课堂，课是全预设的，不开放，所以无法生成。要开放，要留白，才能生成，提问更要有张力。

要实现课堂教学的现场生成，关键在教师。课前教师是应该备课，有相应的教案，但是一旦走进课堂，就要放下教案，不放下教案，就不能直接面对学生，不能与学生产生真正意义上的对话，没有对话，就不可能有学生的即兴生成。如果老师始终放不下已经准备好的教案，那么势必要不断地以此去套学生的说法，学生被教师的教案捆束得死死的，怎么能放得开呢？如果放不开，又如何生成呢？教师在课堂上要暂时放弃有形的预设，积极捕捉课堂上学生的灵机一动，捕捉学生的思维火花，再加以适当的追问，适当的延伸，适当的重组，让学生顿悟，让学生豁然开朗。叶澜教授在《让课堂焕发生命的活力》一文中指出："从更高的层次——生命的层次，用动态生成的观念，重新全面地认识课堂教学，构建新的课堂教学观，它所期望的实践效应就是——让课堂焕发出生命的活力。"一堂课学生不断地生成思想火花，课堂就焕发出勃勃的生机。

静态课堂与动态课堂

到某地一中，别出心裁地跨学科听课，听王老师的一节物理课"动能和势能"。常在文科课堂转悠，换换脑子，换换思维，感受一下理科老师的教学魅力，也是一种不错的选择。王老师这节课是一节成功的物理课，教师非常成熟，经验老到，教学步步深入，课堂逻辑严密。整堂课分成如下步骤：重申目标、学情调查、问题汇总、精讲点拨、课堂检测、作业小结、发放下节课导学案、总结。

我先肯定这堂课是一堂好课。具体体现在：目标具体清晰；过程严谨细密；教师语言精练；组织得体有效。每个环节都在教师的把控之下，学生稍有偏离，王老师立刻将学生拉回来，干净利落的语言，毫不含糊，完全是物理老师的思维特性。整节课不枝不蔓，始终围绕教师既定的轨道走，每个环节教师预设的问题统统得到正确解答，教学目标达成度非常高。

我同时也指出这堂课是一个静态课堂，所谓静态课堂就是程式化的课堂，其主要特征是：注重程序性、完整性，缺乏变化；注重单纯性、封闭性，缺乏联系现实生活背景；注重预设控制，缺乏开放度。结合这堂课，我来谈谈从静态课堂向动态课堂的转变，需要讨论以下几个问题。

第一，完整性与变化性。这堂课所有环节都一一呈现，非常完整，但重点无疑不突出。何为重点？就是知识与技能的关键之处，就是学生理解与掌握知识技能的困难之处。整堂课各个部分平分秋色，平均用力，一种可能是教师没有问题意识，一种可能是教师不知道学生问题在哪里。教师教学要建立以学生为本的意识，因学生而异，不同学生有不同的问题，教师要采用不同的教学方法；因时而异，不同的阶段强调的重点也不一样，新授课与复习课不一样，高一与高二不一样，高三与高二、高一不一样，应该适当变化，突出重点。这是常式与变式的关系，教师多年教学下来已经形成一套常规的教学思路，驾轻就熟，但常规的教学思路常常代表昨天的经验，适应昨天的要求。面向未来，要适应未来社会的发展需求，教师要主动求变，探究更多、更丰富的教学方式、教学方法，培养具有想象力、创造力的人才。

第二，有效性与高效性。这堂课所涉及的问题，学生大多比较轻松地解决了，毫无疑问课堂的问题大都停留在表层上，基于对学生实际理解力的了解，教师可以给予学生更富有挑战性的深层次问题。比如在给出正例之后，可以给出旁例，甚至给出反例。所谓正例就是与相关知识完全正相关的例子，这种情况一般学生都容易理解；所谓旁例就是与正例不同的例子，就是变化了的例子，比之正例，旁例就相对难一点；所谓反例就是与正例完全相反的情况，这就更加难以理解了。一种知识只有在掌握正例、旁例、反例的情况下才能算作真正理解了。再比如还可以联系实际，将现实生活引入，面向真实问题，解决真实问题，现在培养学生核心素养就是让学生学会做事，学会解决问题。因此课堂应该留给学生充分思考的时间，留给学生沉默的时间，让学生去思考更加深刻的问题，这样课堂的效果就不是有效而已，而是高效了。

第三，预设性与生成性。这堂课几乎是老师全控制的，几乎是被导学案控制的，整堂课就是解决导学案的问题。导学案的益处就是让学生落实预习，导学案的坏处就是控制课堂，把一节原本可能变化多姿的课固化为一堂模式僵硬的静态课堂。应该变革导学案，可以有两条途径，其一应该大大压缩导学案的内容，导学案是课堂的一小部分内容，而不应该是全部内容。其二就是导学案要增设开放性问题，增设联系现实生活的问题，这样课堂一定程度上就会放开，才能把学生的思维激活，才能把潜藏在学生心里的智慧激活。如果始终把学生死死地捆绑在既定的教学内容上，学生不能越雷池一步，拘束，狭隘，静止，这样课堂就呈现出静态课堂的样态，次数一多，久而久之，学生循规蹈矩有余，不拘于一格、不定于一尊的创造性思维则明显受压抑。只有开放才能生成，只有开放才能活跃，开放的课堂形式，开放的课堂内容，开放的课堂规则，开放的课堂程序，才能促进学生开放性的思维，最终形成学生开放性的人格。

课堂应该向动态性课堂转变。所谓动态性课堂就是讲究因学生而变，因目标而变，因时间而变，讲究联系社会现实，注重问题解决，注重课堂开放，培养核心素养。正如美国现代著名教育家小威廉姆·E. 多尔指出的："今日主导教育领域的线性的、序列性的、易于量化的秩序系统——侧重于清晰的起点和明确的终点——将让位于更为复杂的、多元的、不可测的系统和网络。这一复杂的网络，像生活本身一样，永远处于转化和过程之中。"套用一句现成的话，静态的课堂是相对的，动态的课堂是绝对的，没有一成不变的课堂，我们应适应社会，适应未来，自觉变革。

课堂要讲究公域性、教育性

到某地一中听公开课，执教的何老师在当地小有名气，于是围观听课的人很多，以至于听课老师把教室里所有的空地全都占满了，甚至还占了学生的座位，导致有的学生无法进入教室，无法进入自己的座位。我以为听课不扰民，听课不侵权。听课教师无论如何不能侵犯学生的权益。影响学生上课，这总是不对的。

何老师上的是李煜的词《虞美人》，应该说何老师是当地名师，公开课大概没少开过，面对人满为患的教室，他已经习以为常，仍然是一脸轻松，他的话语风格完全是谈话聊天式的，非常随意，非常轻松，非常自然，插科打诨，旁逸斜出，幽默风趣。学生可能已经完全适应了他这种话语风格，不时被老师的小段子逗笑了。何老师也开放了课堂的几个小环节，让学生自己表达，这些都有其成功的地方。

但与此同时这种话语风格的课堂也伴随着明显的问题，也许从来没有人指出过何老师的问题，导致他毫无知觉地重复着以往曾经不止一次地犯过的话语错误。

课堂话语的公域性。所谓课堂话语的公域性指的是公共场域里的语言交流要符合场域本身的要求。谈话聊天式的课堂话语风格也是有界限的，所谓风趣幽默的话语调侃也是有限度的。这个界限和限度完全是因为课堂中教师面对的是未成年的学生，这个界限和限度体现了教学的道德伦理。课堂毕竟不是成人之间的随意交谈，毕竟不是成人版的二人转或脱口秀，课堂里教师的话语毕竟是对未成年人说的，教室的场景毕竟是教育场景，教室里的话语毕竟是公共场域里的话语，要注意规范性，要讲究公域性，不能兴之所至，满嘴跑火车，因为这将给学生带来很坏的负面影响。作为教师一定要把公域话语与私域话语截然分开，走进课堂可以用轻松幽默的话语，但不可以低级趣味，不可以猥琐下作。面对未成年的学生，教师就必须讲究话语伦理。

课堂教学的教育性。课堂教学包括教师的教与学生的学，教师的教就是教育性的体现。相对于课堂封闭，课堂开放无疑是正确的，但开放并不意味着天马行空，并不意味着不论严谨与否，我们的课堂教学最终是要使学生达成思维的开放性与思维的严谨性的和谐统一，责任当然主要还是在教师身上。教师一方面要帮助学生打开思维，一方面也要随时纠正学生所出现的错误和问题。这节课，何老师放开让学生讲作者，学生讲到李煜是专业的诗人，业余的皇帝，并进而给出结论：诗人与帝王不可能统一。很显然学生的这个推论不够严谨，李煜既是南唐后主，又是诗人，只是帝王工作没做好，但他毕竟是做过后主的。我国古代既是帝王（最高统治者）又写诗歌的还是有的，写得好坏另当别论。两者都做得好的，也是有的，曹操就是其中之一，作为教师应该指出学生的漏洞。讲到词眼的时候，教师也是放开让学生说，学生有的说是"愁"，有的说是"改"，有的说是"不堪回首"，教师说邓丽君为什么反复吟唱"问君能有几多愁，恰似一江春水向东流"，所以倾向于"愁"是词眼。这里教师的这种说法很显然不够严密，引邓丽君充其量是一个旁证，是一个间接论证，况且，唱歌经常是重复最后一句的。教师应该给予直接论证，从词作的感情表达来确定词眼，词眼是表达作者在词作中最集中最突出的情感，据此判断"改"是事件，不能作为词眼。教学，教师的教与学生的学，二者不可或缺，教师的指正就是教学的教育性之体现。

这堂课何老师在课堂上要求学生背诵带有"月"的诗句，这个方法很好，举一反三，触类旁通，也是文化积累的好方法。但整堂课用于分析讨论的时间太多，而学生背诵的时间几乎没有，一堂课下来，学生不会背诵仅有 57 个字的词作，甚为可惜。赏析与诵读，二者不可偏废。

三人同题，同课异构

【在山西某市一中听了三堂语文课，课文是英国著名小说家及剧作家高尔斯华绥的《品质》，三人同题，同课异构。】

第一节课是陈老师上。她像一个话剧演员，语言清亮，且非常干净，简洁精炼，具体清晰，逻辑步步深入。回顾一下这节课的过程，从作品的语言内容入手，探究作品的人物与时代的关系，先要学生用一句话概括故事情节，然后由对祥林嫂的感情是同情，提问学生对格拉斯的感情是什么？答案是敬重。原因是格拉斯恪守本职，敬业，执着，诚信。这个人最后饿死了。为什么格拉斯必须死？原因是社会造成的，当时社会浮躁，虚荣，时尚，唯利是图。然后请学生辩论格拉斯是输了还是没有输。辩论的结果就是学生有的说输，有的说没有输；有的说肉体倒下了，而精神站起来了。老师反复启发，学生还是说不到老师要说的话——格拉斯是殉道者，是为了自己的理想执着一生的人，以他的美好品质传播文明——老师只好把这些话自己说出来。

我首先肯定这堂课是成功的，至少教师精练的语言值得肯定，至少学生的积极呼应值得肯定。当然这堂课也有许多可改进和提高的地方。这堂课陈老师的教学目标可以看出是通过教课文教人生，让学生了解底层人民的高尚品质。这无可厚非，因为教材本单元就是这么要求的。问题在于教学过程中教师的一些做法值得商榷，在分析社会造成格拉斯死因的过程中，教师引导学生分析认识社会，都是负面的评价，如社会浮躁，虚荣，时尚，唯利是图。这些概念化的标签简单粗暴，无法让学生理解真实的社会现实，这是一些语文老师常犯的毛病。这样处理问题的视角是一维的，是抽象的，而社会是多维的、丰富的、复杂的、具体的，我们认识社会应该是多维的，切不可复杂问题简单化。事实上作者在文章中也提到社会的另一面，结尾说到社会讲究效率，社会讲究更加细致的分工，站在实事求是的角度看，工业化社会比之以往的社会的确有进步的一面，用简单的一维视角来看待评价社会总是不对的。其实作者生活在那个时代，看到了很多这样不适应工业化时代的人被时代所抛弃，作者挖掘这类人物的美好心灵，事实上是给他们唱了一曲哀伤的挽歌，体现了作者对小人物的深切同情，作品的人文性体现在这里。

为了凸显对当时社会背景的一元化负面认识，教师在课上不惜改变真实情况，说小说中没有人帮助格拉斯，连小说中的"我"也不帮助格拉斯。这明显是错的，不符合实际的，小说中的"我"不止一次地向格拉斯订做了许多靴子，而且是超出他实际需求的靴子，这就是对格拉斯最直接、最有效的帮助。事实上以格拉斯极强的自尊心是不会接受别人的施舍的，因为这是对他人格的极不尊重。

陈老师最后安排学生进行辩论，辩论可以促进学生思维，促进学生加深理解，但是这个论题有问题，要学生辩论格拉斯之死是输还是赢，学生的答案完全可以料到，要么说是输，要么说是不输，不输肯定是就他的精神品质而言的，要么说他是肉体死了，作为工匠输了，但他的美好品质升华了。这些说法都与教师预想的殉道者答案根本联系不上。与其出这样的辩论题辩论，还不如开发课程资源，在这里由教师延展开去：格拉斯明明知道与大工厂无法抗衡，明明知道大家都青睐款式新潮的鞋子，但他依然执着地做他精美的手工鞋子，虽然时间长，虽然顾客越来越少，但他依然不改初衷，坚定自己的职业信仰。明知不可为而为之，荆轲刺秦王就是这样，明知山有虎，偏向虎山行，《五人墓碑记》中的五人激于义也是这样，悲剧就是这样，明知不可生，却为了一种理想、信念而为之，开掘更多这样的事例，让学生懂得殉道的意义。而且以"输"还是"不输"来评价格拉斯本身就是有损于格拉斯，是有损于这篇文章主旨的，因为格拉斯的品质是超越功利的，你却用功利的"输""不输"来评价他，是根本不合适的。

第二节是冯老师上的。冯老师是一个年轻的语文教师，基本素养非常好，嗓音非常好，就像一个播音员。他的教学目标是教方法，教技能，即让学生领悟如何通过小说三要素来把握小说内涵主旨。课一上来也是让学生概括故事，然后给学生出示关于这篇文章的三个变化：店面的变化，靴子的质量，主人公的外貌变化。要学生在书上找出相关的变化，这个环节花了七八分钟；然后让三个学生分别在黑板上把课文中表现变化的论据找出来，花了十四分钟。我认为这样处理是值得商榷的，因为这是无效劳动，学生概述情节根本不费力气，学生找出变化的论据也根本不在话下，这些属于信息筛选，是低阶思维，纯属浪费时间，至少是低效劳动。教师大都知道最近发展区的概念，教学要在学生跳起来可以摘到桃子的地方设置问题。本堂课学生的难点在于自己去发现三个或者更多的变化。这节课学生没有机会去发现，因为教师不给机会，所以学生永远不会主动去发现。教师应该给学生更多自我阅读，自我感知，自我发现的机会，这是我们教学急需的。其实我们各科教学都存在这样的问题，比如数学，我们常常是给出已知条件，然后让学生去求证，而生活当中重要的恰恰是首先自己发现已知条件。所以经过学校教师训练之后，我们的学生只会等待别人给出已知条件，然后去证明，往往不会自己主动去发现，所以高分低能因此大量产生。

这堂课的后半部分教师稍微放开了一些，学生的思维于是活跃起来，在阐述悲剧原因的过程中，一个学生回答得非常漂亮，说格拉斯是一个至善至美的人，有自己执着的追求，但是与当时社会不能相容，于是悲剧自然产生。学生的这个认识是颇为符合文章实际的。

第三节是李老师上的。李老师像一个声音柔美的配音演员加评论员，她的课是教文学，教审美。她的课颇有些现代气息，教学中出现的诸多术语可以为证，如格斯拉的死是作者为我们设置的第一个障碍；又如小说的审美眼光与实用眼光是不同的，小说中的"我"到底是儿童眼光（审美眼光）还是成人眼光（实用眼光）？格斯拉是被饿死的吗？格斯拉的死带走了什么？格斯拉留下了什么？教师用新的审美理论、新的鉴赏理论来重新审读这篇文章，有许多感悟，许多想法。但对新的理论她没有吃透，不敢确定，因此在具体的教学过程中始终在摇摆，不知教什么为好。再加上她的课堂驾驭能力还不够老到，不够熟练，课堂的信息量虽大，视角也新，但教学过程非常杂乱。教师有一种任务意识，就是想把自己的想法都给学生，于是问题与问题之间转换太快，导致课堂节奏就乱了。她是从自己的体验出发的，也想让学生去感知最初的体验，可惜没有成功。

三位老师同课异构，教课文，教人生；教方法，教技能；教文学，教审美。目标不同，教法各异，各有其长，当然也各有其短，所以我们应一起不断反思，不断改进。

让思维再深入一步

——点评张广录"真实的阅读"

【张老师的区级课题开题，课题的名称是"真实的阅读"，我最后做了点评。】

点评课堂教学，点评课题研究，二者有许多相似之处，因为课堂教学与课题研究本身就有许多相似之处，都离不开研究，都需要我们的思维再深入一步。

作为语文名师培养基地的学员，每个老师都应该立项做一个课题，作为一个优秀的学科教师，应该学会研究，进而养成一个研究者的意识和习惯。研究使人进步，通过研究推动我们对相关学科课程与教学的深入理解，推动我们掌握相关的教育教学规律，推动我们自身专业水平的提升，从这个意义上说，研究是教师专业发展不可或缺的路径。当然我们不是说教学研究一定要用做课题的方式进行，做课题只是研究的一种方式而已，不用课题的方式进行研究也可以。比如复旦大学历史系教授朱维铮，他是中国当代史学界的一个泰斗，他第一次做课题的时候就嫌弃这种方式太烦琐，太程式化，太机械，他不做课题不妨碍他的学术研究取得很多的成果，也不妨碍他在史学界的学术地位。做课题的好处是帮助你掌握学术研究的基本规范，学会用一种规范的形式进行研究；做课题的坏处就是它本身有许多规范的要求，已经形成一种框框，搞得不好也是一种新的八股。但是初步踏入研究领域的老师，应该先学习这种规范的研究方式，进而掌握研究的规范与规律，至于以后如果掌握了研究规范，要个性化地进行相关的研究，这也是正常的。我的观点是在没有规范的时候，掌握规范是第一要义；在已经掌握规范的时候，超越规范是第一要义。

一个课题立项之后，开题就是必不可少的程序。开题大概要经过这样几个过程，第一是广泛地占有材料，这点张老师做得不错，从他刚才的介绍中，可以看出张老师看了大量的著作，一大堆的专业术语，一大堆的核心概念，一大堆的材料，这需要下功夫，没有这点功夫不要做什么课题。第二是居高临下审视以往的研究，要知道别人做了什么，还要看出别人哪里做得不足，从而找出自己课题的生长点，只有站得高才能看出问题所在，以审视的眼光看问题。第三是融会贯通，把大量的材料和相关的理论与自己的看法、观点融会贯通起来，形成自己一系列的看法和佐证材料。第四是聚焦，梳理自己的看法，进一步聚焦，要明确我的发现是什么，我的最主要的创新点是什么，什么是我应该做而且可以做的，把课题目标具体化。第五是形成思路，形成课题研究的基本思路。

张老师的课题恰恰是在第五步没有梳理清楚，没有进一步聚焦什么是真实的阅读，与之相反什么是非真实的阅读，到底本课题研究什么，这些都不够清晰、具体，因此就没有具体的研究思路。让人感觉，宏观的东西大致有了，微观的东西也好像有了——八堂研究课，但中观的东西好像没有。到底本课题研究的具体对象、创新点、前提假设以及研究的具体思路是什么还不清晰，至少今天的开题报告没有讲清楚，需要再进一步明确。在我看来，本课题研究的题目就还需要进一步斟酌，我们都知道现在的课题研究一般来说都会在标题上下功夫，标题一般比较长，有很多的限制语，定语状语之类的，限制语的目的就是使课题研究对象更加具体、更加清晰，达到聚焦的效果。

张老师刚才在说明自己课题的时候，用二分法进行概念切割，说理与做事，逻辑结构与行为结构，互动与使动，都是非此即彼的关系，切割概念，斩钉截铁，貌似概念间关系清晰，但其实不然，有些概念是你中有我，我中有你，并非非此即彼的关系，比如行为结构也必须符合逻辑结构。做事也要说理，为什么做事，为什么做这个事，为什么不做那个事，这就是道理，因此就要说理。为什么先做这个，为什么不先做那个，也有道理，也需要说理。课堂里师生之间也有互动，也有使动，当然最终是为了让学生自己能够主动起来，最终是使动，但并不排除过程中有互动。做研究的时候我们总是希望清楚切割概念的内涵与外延，但是教育实践的研究常常与现实密切关联，如果完全切割，又与事实不符，一不小心容易走向机械、刻板。所以一线教师的研究与现实的教育教学，当然需要对概念做清晰的界定，但一定要考虑现实的因素，因为说到底，一线教师的研究是为了促进教育现实的改变，是为了推进现实教学的质量提升，所以研究需要保持一定的平衡，避免过于机械的研究阐述。

假设、观察、研究、应用

听了一堂科学课，执教的是年轻的周老师，课题是"食品包装上的信息"，这是教科版《科学》四年级下册第三单元最后一课。教学目标：让学生通过对家常食品包装的观察，了解包装信息的意义；根据不同情况，学会选择相关食品。他的这堂课还是很有意思的，他的最大优点在于与生活联系紧密，他对我的意义就是激发起我上课的冲动。

课上完之后，我和他做了交流，受他的启发，我说这堂课还可以有别样的教法。我将目标定位在让学生学习观察、整理信息，学习如何概括并应用相关信息，学习假设与比较的研究方法。以下是我设想的教学过程：

一、假设

教师首先通过投影仪投出各种食品图像，然后让学生设想：一个食品的包装一般会提供哪些信息？教师让学生发散思维，个人写得越多越好，然后让学生小组聚合性思维，为什么要提供这些信息？讲出道理来，言之有理就好。

二、观察

以小组为单位，教师给每个小组（6人）发食品，每个小组6种食品，各不相同，让每个学生各自拿一种食品先做信息记录，每一个人观察研究一种食品，限时2分钟，顺时针轮着观察，这样每个同学都观察到自己小组的6种食品，避免小组合作学习时只有部分同学有事做而其余学生没事做。6种食品观察记录之后是信息分类整理，比如：不怕光线的可以采用透明包装，需要避光的采用不透明包装；又如：文字信息、图片信息（环保标志、条形码）；可以让学生概括包装信息的基本要素，比如：生产日期、保质期、食品配料、营养成分。

三、研究

对照学生自己前面的设想，看看相同点和不同点，特别是针对不同点分析为什么。比如：食品包装为什么要有添加剂方面的信息？食品为什么要放入添加剂？添加剂的作用是使得食品好看、好吃、好闻，延长保质期；添加剂的负面作用是食用过多会对人体有害。

然后让同学发现食品与食品之间的信息上有什么相同点和不同点，分析它们的原因是什么。比如：保质期长短与食品本身有关；与包装方法有关，冷藏的比常温的长；与包装材料有关，罐装的比盒装的长，盒装的比袋装的长；与添加剂有关，使用添加剂的长。

四、应用

最后让学生根据本节课所学，就小组同学手中的食品做比较选择，例如罐装牛奶与盒装牛奶与袋装牛奶比较，什么情况下该选什么牛奶。

　　从假设到观察，从观察到研究，从研究到应用。这样安排整堂课的教学，学生久而久之就慢慢习得了科学研究的一些基础方法，而且学以致用，应用到他们自己的现实生活中。

课堂上如何引导学生进入深层思考

【之前应某市初中语文教研员之邀，到当地外国语学校侨香校区参加市教研室组织的语文教学研讨活动。主持人是市教育科学研究院语文教研员 D 老师，三个区级语文教研员分别上了一堂课，然后让我评课。以下是我的现场评课。】

很高兴参加今天的活动，让我评课，不说点好话，不能显示对上课老师的尊重；不说点批评的话不能显示我的水平。（下面哄堂大笑）我请示了今天活动的组织者 D 老师："可以说些批评的话吗？"她的回复是可以。其实教学都是遗憾的艺术，有问题是真实的，真实的课堂就是有遗憾的。

这次观摩课活动是被举办者冠以"名师课堂"来号令全市语文老师参加的，应该说三位老师都是资深语文教师，都是资深语文教研员。其中 S 老师 20 多年前就是山西一个地级市的语文教研员，都是当地的语文教头、语文大咖，应该说以前评点别人的课，十分容易，可以随意指手画脚，现在不容易的是他们要亲自下水，上研究课。敢于上台做示范课，这本身就值得肯定，这一点勇气值得钦佩，值得尊重。语文教研员是语文教师的指导教师，平常指点语文老师也是一套一套的，但真的轮到自己上课，未必能够上出让大家信服的语文课；况且语文课上得如何，并没有一个统一的标准答案，仁者见仁，智者见智，是常有的事，一不小心，被人批评，也是极有可能的，所以仅仅从这点来说，也是勇气可嘉的。

第一个上课的是 X 老师，他执教的课文是《罗布泊，消失的仙湖》。这堂课 X 老师着眼于"读"，这堂课的长处在于教师带着学生反复诵读，读词，读句子，读文句中关键的定语，读出感情，教师范读，教师指导，比喻句要慢读，要有画面感，要读出老人的形象，凡此总总，都是好的。带领学生通过阅读走进文本，这原本是比较好的语文教学方法。

但读了之后干什么，这就值得斟酌了，教学现场一到讨论分析问题，就有值得商榷的地方了。教师把学生的问题呈现出来：什么原因导致罗布泊消失？经过讨论之后得出的结论是四盲（盲目增加耕地用水，盲目建设水库截水，盲目决堤引水，盲目建泵站抽水），是人制造了各种悲剧。这种分析是完全去背景化的，当时的人并不是傻子，他们之所以那样做，肯定有他们的具体原因，而且事实上，六七十年代大兴水利，还是有许多贡献的，就今天来看，改革开放这么多年，我们仍在享受那个时代水利建设的红利。不能进行抽象的、不顾实际情况的分析，去背景化的分析，一定会导致思维浅表化。紧接着教师引导学生讨论另一个问题：为了防止罗布泊悲剧的再发生，我们该怎么办？这个问题是不需要思考的，也就是说前面一个表层的思维，必然导致这里的表层的表白，表层的表白必然就是空洞的承诺，最后一定是毫无结果。你要让学生知道某种做法的不对，你首先要还原思维，还原他们原始的思维逻辑，从而找出破绽，找出思维的问题所在，才能真正解决问题。最后一个问题更加空洞：从古以来，人和环境关系如何？老师写出：人强胜天—道法自然，天人合一——人定胜天。这种抽象的分析是几无意义的。法国当代著名的思想家莫兰关于未来教育七个黑洞的说法是很有意义的，其中他所说的第二个黑洞就是去背景化的意思。

X老师把学生引导到思考环境保护的问题，爱护环境，人人有责，将语文教学引向德育，引向人格教育。应该说在语文教学中进行德育、环保教育未为不可，语文教学有着天然的人格教育功能，但是非常遗憾，整堂课教师所做的引导其实停留在浅表层次上，学生几乎不费力地想到了环境保护，人与自然的关系问题。这种浮于表面的德育不能说完全没有作用，但至少是作用不大的，而且语文课堂教学毕竟有自己自身的功能和意义，不能完全无视语文教学自身的目标。

那么，如何才能引领学生深入思考这篇文章呢？我以为这里有一个很重要的语文阅读方法必须让学生掌握，那就是借助背景，还原背景，很可惜，这堂课和不少语文课一样，去背景化，孤立地就文本的表层讨论其含义，这种去背景化的阅读一定走向浅薄。如果这堂课教师能够引导学生走进当时的背景，还原当时的时代风貌，理性地探究当时人为何这么做：真的会为了破坏环境而破坏环境吗？事实上所有时代的人做事都有一个基本的原则，那就是趋利避害，这是毫无疑义的，那么我们就应该探究当时的人自以为利在哪里、益在何处，而当时的人所没有看到的弊在何处、害在何处，又是什么原因导致他们没有看到弊害。教师只有引领学生设身处地地还原性思考，学生才能真正意义上进入深层上的探究，学生才能真正意义上认识事情的真相。

此外，这堂课教师在课堂用语上也有值得推敲的地方。有一个细节值得提一提，X老师展现了一幅茂盛的胡杨照片，色彩缤纷的胡杨，老师说这是美丽的胡杨；当老师再呈现另一幅枯萎的胡杨，倒在地上的胡杨，毫无生机的胡杨，老师说这是不美丽的。这个评价显然有问题，我有一个朋友特别喜欢残荷，枯萎倒地的胡杨也显示了一种遒劲，一种饱经风霜，一种沧桑，也完全可以说是一种美丽，所谓美丽完全是人将自己的感情付之于景物上面，主观性是很强的。所以教师设问：活着的胡杨与枯死的胡杨孰美？这样的问法其实是不严谨的，审美比较原本就是很主观的一种个人化行为，活着的胡杨与枯死的胡杨本就没有审美比较的意义，硬要拿过来比较谁更美就很牵强。

第二个上课的是 Q 老师，他执教的课文是《济南的冬天》。这堂课前 Q 老师让学生提出了许多问题，好处就是基于学生、源于学生，从学生的问题出发，进行教学，充分尊重学生，但是问题在于过分迁就学生，整堂课都是在回答学生的琐碎的问题，学生简单讨论，然后老师给出所谓的标准答案，整堂课不能给人留下多少印象，没有一个整体感知。让学生提问题是需要的，但是学生提的问题当中有许多是伪问题，是没有价值的问题，需要教师加以筛选，加以定夺，选择有价值的问题拿来课堂讨论，否则要教师干什么？课堂要源于学生，一定要高于学生。

很显然 Q 老师在这堂课中仅仅抓住以学生为主体。教学过程中充分体现尊重学生，教师不断地在课堂上用各种表扬、肯定的方式激励学生，应该说孤立地看，这种课堂教学理念有其正确的一面，但是问题的关键在于我们教师不能只执一端，忽略另一端，抓住一点，不及其余，这极其容易导致教学思想的片面性。尊重学生，本无可厚非，但不可过度迁就学生；Q 老师这堂课让学生提出问题来，这一步没有什么不好的，但问题的关键在于，对于学生的问题不能只是不加分辨地一股脑儿全盘照搬，一一加以呈现并拿来讨论。事实上，学生的许多问题是伪问题——根本就不是问题，或者是没有价值的问题，浅层次的问题。一堂课教学时间极其有限，教师在学生提出问题的基础上，要对问题加以筛选，或者引导学生筛选，或者教师自己加以筛选。在学生讨论问题的过程中，教师也不能不加分辨地一味肯定学生的所有答案，事实上有的学生的回答偏离轨道，有的学生的回答似是而非，有的学生停留在枝枝节节上没有答到问题的本质，有的学生的回答停留在浅表层次上，教师一味地肯定其实就是盲目地肯定。

教师的思维、认识应高于学生，面对学生问题应该加以筛选，去粗存精，去伪存真，去掉伪问题，去掉没有价值的问题，不要在课堂上浪费大量宝贵的时间。教师在课堂上要组织学生研讨有意义有价值的真问题，特别是要集中精力研讨课堂的核心问题。面对学生偏离轨道的回答，教师应该及时加以纠正；面对学生似是而非的回答，教师应该予以明确；面对学生停留在细枝末节上的回答，教师应该指出本质；面对学生浅表层次的回答，教师应该引导学生深入思考。这样课堂结束之后，学生的学习才能增值，这样的课堂才有意义。

还有两个细节值得注意，Q 老师让学生根据给出的词语造句，其中一组是"安适……慈善"，一位同学说"今天星期六睡了一个安适的懒觉，因为妈妈慈善"，同学们大笑，老师急忙点评："这两句前后没有因果关系。"其实不然，正因为妈妈慈善，没有让孩子周六去补课，去做作业，所以学生可以安适地睡个懒觉。这二者之间是有因果关系的。

课堂教学的开头，Q 老师调侃地说："正是我这个冰山干掉了泰坦尼克号，显示了我的魅力所在。"这个玩笑开过头了，毕竟是一次人间灾难，怎么能用这样的语气语调？

第三个上课的是 S 老师，他执教的课文是《孤独之旅》，应该说这堂课是这次"名师课堂"观摩活动相对成功的一堂课。这堂课好就好在教师在课堂上特别重视通过语言阅读突出文字的精神感染作用，上出了语文味。S 老师完全是用自己的激情朗读充分调动了学生，他是入情入境地读，读出了味道，读出了感情，读出了文化。学生在老师的感染下，也是完全进入状态，非常投入地读课文。S老师让孩子一遍一遍地读，很多时候，一个句子让一个孩子读三次，读五次，让学生反复读，反复体验，反复尝试，这是"边读边教"，并非"以读代教"；让学生真正读出文章的感情。课上到这里应该说是非常成功的，成功源自朴实，源自教师的激情，所谓大巧若拙，大智若愚。

但是到了课堂的最后环节，教师开始动脑筋了，教师一动脑，上帝就发笑。S老师给出一个材料《招聘》，说的是一家日本公司招聘员工，一个应聘者才华出众，发挥很好，但是却接到了落选通知，结果想不通要自杀，被及时发现，抢救及时，后来公司发现因为计算机发生故障导致错误，派人送来录用通知，得知这个孩子因此自杀，立刻取消录用，让学生归纳出所谓遭遇挫折应该意志坚强之类的主题。又给了一则材料《绝唱》，最近韩国沉船，一个学生最后给母亲发来短信，表达感恩妈妈、热爱妈妈之类的话。S老师让学生课后去写作文。

最后这个环节太牵强，课文的学习已经具有了相关的意思，两个课外的材料一增加，就体现了所谓的德育，但是德育不是这样一种硬性的灌输，是自然而然，是水到渠成，生硬的灌输反而适得其反。事实上，S老师加了这个环节之后，立刻破坏了原本由教师费了很大的劲所营造的课堂气氛，而且没有多少思维价值，却将前面创造的语文气场全部破坏掉了。

还有一个细节应该指出。课堂开头，教师让学生解说"孤独"一词，学生说："独自一人，孤单。"S老师立刻追问："那么杨利伟一个人在太空遨游就是孤独的吗？"这个问题有思维含量，要让学生学会思考与常规理解不同的情况，从而激活学生思维，提升思维能力，打开一扇思维的窗户……

三位老师上课都非常老练，驾驭课堂游刃有余，不时有幽默的话语出现。比如我欣赏 X 老师在一位同学朗读之后，做出这样的点评："你读得有点坎坷。"全班同学大笑。这个细节还是挺有意思的。但是至于 X 老师三次说："你要克服阅读发言的障碍，就是要像我这样不要脸！" X 老师还说："像我这样裸着就不会瘦骨嶙峋。" Q 老师说："人什么都是假的。"这些话语我就不敢苟同了，这一类的话语我觉得需要斟酌一下。话语有两种类型，一种是公域里的话，一种是私域里的话，课堂教学是属于公共领域里的话，公域语言还是要讲究规范严谨的，不应该把私域里的话放在公共领域中说。

教师如何在课堂上引导学生走进深层次的思考，使课堂教学明显增值，从而提升学生的思维水平？通过上述三堂课的简单评述，我们可以找到一些方法，首先是基于学生，高于学生，尊重学生的问题和意见，但同时必须加以去粗取精，去伪存真，必须加以点拨。其次理解问题不能仅仅停留在事情本身，应该还原背景，从背景中寻找动机，从背景中寻找背后的行事逻辑，从而找到真正的原因，而不是仅仅浮于表面。最后，学科的德育活动一定要顺其自然，不能生拉硬拽，不能机械牵强，否则会适得其反，反而把课堂引入肤浅和荒诞。

文史课如何引领学生深入思考

——点评"《孙权劝学》与北宋恩荫制"

听了李老师、庞老师联合上的语文、历史整合课"《孙权劝学》与北宋恩荫制",这堂跨学科的整合课所选择的结合点很好,文与史自然关联,遗憾的是没有达到理想的效果,主要是教学上的问题。两位老师几乎都是在灌输给学生浅易的知识:李老师是疏通课文,落实词句;庞老师是灌输给学生《资治通鉴》的基本常识和恩荫制的基本现象。整堂课师生都没有提出一个有价值的问题,直到课的最后,下课铃声已经响了之后,李老师才提出:为什么只能劝学?这时已经无暇讨论了。这堂课给人的感觉是两门课的老师各自站在自身学科的立场给学生传输了相关的知识,至少学生是知道了相关知识,但是学生的思维没有长进,因为教师没有给学生机会深入思考。下一堂课,教师其实可以围绕"劝""鉴"两字引导学生走向文本的深层,也是走向历史的深层,同时还要跳出历史,回到现实,对照现实,深入比较。

一是"劝"。课文写的是孙权劝吕蒙学习,作者是司马光,教师要引导学生思考作者这样写的目的何在。搞清楚作者的用心所在,这里就必须还原背景，带领学生走进北宋时期的历史背景，走进司马光的心灵深处，让学生明确司马光其实是劝宋神宗要提醒官员学习。司马光为什么劝？司马光完全知道北宋恩荫制的弊端最终将导致宋朝的灭亡，他第一希望是改变恩荫制，在发现改变无望的情况下只好劝这些因为恩荫制当官的人好好学习，所谓先天不足，后天补，希望宋神宗提醒这些官员加强学习。劝完全是司马光的无奈之举。从这个角度看，司马光其实也是为宋朝唱一曲挽歌。教师在引导学生走进历史之后，还要带领学生走出历史，对照现实。

今天我们无论机关，还是学校，或者企业公司，各类各级组织常常组织各级干部学习，当然学习是有用的，但只是组织干部学习培训是不可能根本解决问题的，因此"鉴"的意义就出来了。

二是"鉴"。一切历史都是当代史，学习历史就是为了思考今天的现实。今天我们的现实是不是也有类似这样的现象？我们的家族企业里，我们的乡镇企业里，我们的社会现实中，有没有"裙带制"，有没有"世袭制"，有没有"恩荫制"，都是可以问一问的。现实中位居高位的富二代、富三代，是因为父辈、祖辈的大力提携，还是自己卓越的努力？《宋史》记载："一人入仕，则子孙、亲族俱可得官，大者并可及于门客、医士。"有些企业，比如腾讯公司有一个机制，秘书是个专业化的职业，不能晋升领导职务，只能做到高级秘书。这就是"鉴"的意义。

一个健康的社会，其上下阶层之间要有一定的流通，既要有水平流通，还应该有垂直流通，否则必然带来极大的危险。不学无术者靠裙带关系、靠祖辈或父辈就能获得成功，基层百姓拼死拼活都无以改变自己的命运，不能或者基本不能改变自己的阶层，这势必导致社会的动乱。这也是"鉴"的价值。

如果课堂上教师能够引领学生探讨"劝"和"鉴"两大问题，这堂课的学习深度就会充分展现出来，学生就不再是浮在表层学习，而是深入历史的核心去探究与发掘。

本堂课教学过程中也存在一些细节问题：其一，逻辑结论有问题。"不可不学"无法得出吕蒙"没有文化"的结论，没有逻辑关系，因为有没有文化都得学习。只能得出吕蒙掌握要职，更应该学习。其二，两位执教教师配合不够。庞老师最后只说了一句"课文为我们提供哪些借鉴"就下场了，按照常理，李老师上场之后应该组织学生讨论哪些借鉴，结果李老师上场之后，置庞老师的问题于不顾，去讲解一词多义"当""见""以"。两位老师的教学衔接不到位，如油水分离。既然是整合课，两位教师之间就要彼此呼应，彼此关联，无缝对接，这样，整堂课才能显得浑然一体。

课堂教学的几个常识性观念

开学第一个月听了十多节课，每节课下来都与任课教师做了直接的交流，利用周五下午教师教研活动时间面向全体老师分享了我的观课所思，其实就是重复几个常识性的观念。

一、课堂是神圣不可侵犯的

教师一定要树立这样的信念：课堂是神圣的，任何人——包括教师、学生自己都不可侵犯课堂！这里"侵犯"的含义丰富，用最通俗的语言讲就是损害、降低课堂的学习价值。最近听的个别课有点随意，判定课堂是否随意，一个重要的检测标准就是课后学生是否在增值，诸如是否增加了新知，是否掌握了新的技能，是否提升了相应的思维水平，等等。

语文课上，常常看到的是学生在课堂上得到了一些课文内容的现象性的事实罗列，但学生没有实质性的方法所得或技能提升，上课像是走过场而已。如果课没有使学生增值，这堂课就无意义。比如我所听到的《盼》，教师带着学生分段，概括段落大意，学生知道了"得到雨衣""盼望穿衣""如愿穿上雨衣"，学生知道了关于这篇课文的事实性结论，这是没有多少意义的。这些就是现象的简单罗列归纳而已，因为文章是无数的，知道一篇文章的现象事实是无意义的，至少应该让学生以一篇课文为例掌握归纳文段的若干方式方法。

沈老师的创意写作课就颇有设计感，她给学生提供了很多很有意义的素材，开启学生创意的想象，诸如仙人掌中的鸟窝，可以躲避天敌的侵犯；用蜘蛛丝缝合的鸟窝，也是别出心裁；自然界的现象很多是神奇的。沈老师以此来激发学生的创意，最后让学生想象自己是一只小鸟，给自己搭建一个特殊的鸟窝，并描述造窝的过程。教师上课一定要精心设计，随意上课无疑等于侵犯了孩子的权益。教师不能侵犯学生的权益，学生也不能侵犯学生的权益。课堂上学生随意插话，随意打断其他同学的讲话，这无疑干扰了正常的教学秩序，客观上侵犯了其他学生的权益，对此教师应该管束学生，让学生学会倾听，学会质疑，建立有序课堂。

张老师一走进课堂就引起了学生的注意，因为张老师今天穿了一件漂亮的旗袍。曾经有位学生说过："好教师就是上课时比平时更漂亮的人。"张老师的着装至少体现了教师对学生的尊重，张老师非常认真地上课，一个财商老师英语如此流利，授课思维清晰，很受学生的欢迎。杜老师的新媒体技术课，教师教给学生新的技术，学生还给老师异样的惊喜，学生的颇多艺术作品很有想象力，颇有创意，我建议让学生给自己的作品起个名字，画龙点睛，揭示内涵。我建议一些作业能够物化的就尽量物化（不能物化的不要强求），将作业变成产品，将产品转化成作品，所谓作品就是有艺术性的。这些都体现了对课堂的尊重，课堂是神圣不可侵犯的！

二、教是为了不教

这句话是著名作家、教育家、教材编写者叶圣陶老先生说的。他阐述的是教学的逻辑起点和逻辑终点及其目的关系，教师的教是教学的逻辑起点，最终让学生学会自主学习，这是教学的逻辑终点，后者是前者的目的所在。因此课堂教学教师不仅要对教学内容做预先设计，而且要对教学流程——主要是学生学习过程做预先设计。

李老师的课《竹节人》，包含三个大环节。第一个环节是梳理文章的整体结构，体现作品是一个整体；第二个环节是分析一个局部的思路结构，体现部分与部分之间的结构关系；第三个环节是通过一两个细节的分析，以揭示那个时代的特征及个人境况，见时代，见人生，见世界。从教师课堂的教学结构而言，无疑是逻辑清晰的，看得出教师预先做了认真的教学设计，教学内容上是很有设计感的，但遗憾的是对学生的学习过程没有做很好的设计。由于本节课教学内容较多，于是教师急匆匆地牵着学生走，像是拽着学生急匆匆地赶路，教师始终没有放手，老师设计的一些问题，全都有标准答案，老师最终都把这些标准答案和盘托出交给学生。我把这种教学方法叫作请君入瓮法，好比教师预先挖了不少坑，想尽一切办法让学生都掉进坑里，或拉着学生跳，或拽着学生跳，或抱着学生一起跳进坑里。

其实我们完全可以有另外一种教法，本节课的第一个环节可以作为样板，老师带着学生掌握相关的分段方法；第二个环节就可以放手给学生，让学生自己分析，自己独自行走；第三个环节，可以先由老师交代以小见大的方法，利用全息阅读理论以细节见人生，以细节见时代，以细节见世界。让学生自己去文本中寻找、去发现。做母亲的都有经验，如何教会自己孩子学会走路，只有放手让孩子走，孩子才能最终学会走路。数学课也是这样，第一个环节教师教本课的第一个知识点，作为学生学习的样板；第二个环节，本课的第二个知识点，就应该让学生自己去学，借助电脑自己学习。一定要让学生自己尝试着去学习，不断地摔倒，学生最终才能学会自主学习，我们才能最终达到不需要教。

三、学生行为是最好的教学资源

黄老师的戏剧课，本来学生是非常期待的，学生期待的是自己的表演，自己的活动，但课一开始教师就用长达30分钟的时间去介绍相关的知识，直接把一部分活跃的学生讲得无精打采、昏昏欲睡。好不容易到了第二个环节，结果教师又用16分钟的时间去介绍分组的方法，最后下课。戏剧课的确牵涉到很多戏剧知识，但未必都要先讲。应该让学生先练起来，先动起来，把学生的行动作为教师教学的资源，先学后教，先练后教，边练边教，学生在排练的过程中，教师针对学生的问题随时指导，随时点拨，随时教给学生相关的知识。因为是结合学生的实际练习、实际行为来教的，学生领悟接受的效果就很好。反之，脱离学生行为的知识介绍，学生是听不进去的，尤其是这种主要由学生戏剧表演为主要载体的课程。

四、思维永远是课堂追求的必要目标

课堂教学教师教给学生知识是必须的，但更重要的是教给学生思维的方法，要让学生在课堂上学会抽象，不能只是掌握事实，知道一大堆的事实不如学会一个个思维的方法。我们不能仅仅让学生知道是什么，还应该让学生知道本质上是什么，还可能是什么，学会抽象，学会透过现象看本质，这是我们教学的一个重要目标。以语文课的课文分段为例，不能仅仅让学生知道本文分成几个部分，每个部分的段落大意是什么，还要让学生知道本质上它是一种什么样的结构方式，还可以有哪些结构方式，不同的结构方式其存在的根本特性是什么。帮助学生把握文本结构的基本范式、基本思维方法。

以上所讲，都是课堂教学的基本常识，也是教师在课堂教学中必须自觉观察的基本观念。

语文课堂如何让学生构建整体的概念

【2021 年年末的一个下午，天气很好，冬日温煦的阳光洒进了教室，一群老师听刘老师执教语文阅读课，课文是列夫·托尔斯泰写的小说《穷人》，大作家写小小说，匠心独具。课后听课老师和执教老师围坐在一起，依旧是先听大家的评课，我最后谈了我的观感。】

刚刚和大家一起听了刘老师的课，也很认真地听了大家的评课，课上得好，评课也评得到位。这堂课好就好在中规中矩，目标非常聚焦，教师很有耐心，不停地启发学生，执着地引导学生，老师本人非常用情，所以创设课堂的情感氛围非常成功。大家的评课也都很中肯，语文是母语，所以这门课大家都懂，都能自然地评上几句，说得也入情入理，且各自的角度并不相同。当然执教的老师也未必要面面俱到，因为一堂课要想满足每个人的胃口其实是不可能的，也是没有必要的。

刘老师是一位教龄只有 1 年多的年轻教师，单就课堂上创造了一个颇为动人的情感氛围来说，就很不容易。这堂课总体上看是成功的，当然也还有提升的空间。我们首先来回顾一下语文课的初衷，即语文学科教学的基本目标在哪里。所有学科的课堂都应该具有全人教育的思想，就是要对学生进行情感教育、道德价值观的教育，要培养学生健康人格，语文课堂尤其如此，因为它本身包含很多情感因素、德育因素，但这一切都是随着语文自身的目标的实现过程自然而然的、润物无声的。语文学科自身的目标侧重还在于语用，也就是要培养学生阅读、鉴赏、写作等方面的语言运用能力。基于此，我们这堂课把目标定位在阅读鉴赏小说的环境描写，与之相应，就是要把焦点定位在掌握阅读鉴赏环境描写的基本方法。那么，要让学生掌握方法，就有两个环节不可或缺，其一就是老师要教给学生阅读鉴赏小说环境描写的基本方法，比如要读出环境描写的先后次序；要读出环境描写的类别：自然环境、社会环境；要读出环境描写的内容与意义，意义作用包括点出时间（时令）、空间（背景），点出人际关系，为情节服务，为人物形象塑造服务，为小说主题服务，等等。

在学生了解阅读鉴赏小说环境描写方法的基础上，我们接下来应该放手让学生去阅读鉴赏小说的环境描写，让学生去发现，如果学生基础太弱，老师可以做出一个示范，然后再让学生阅读发现。很遗憾的是刘老师没有把机会完全交给学生，而是像很多语文老师那样牵着学生走，选择了一种所谓对话式的教学方法，说得直白一点就是把问题碎片化，以问话的方式——看起来像启发，其实还是灌输给学生。刚才刘老师自己在课后反思中也说到学生总是在抢答，抢答就只有关键词，话说得不完整。这当然有学生的原因，但和老师的问话方式也有很大关系，刘老师问话太碎、太具体，所以学生只需要一个关键词就可以回答了。课堂上老师对有些问题不断重复，比如教师问："邻居小屋里有什么？你从中感受到了什么？桑娜一家和西蒙一家有哪些不同点，哪些共同点？他们两家的生活处境是相似的还是截然不同的？"一个简单的问题，拆分得如此具体、如此细致、如此反复，这就是典型的教师嚼烂了喂给学生吃，这样吃一方面毫无味道，另一方面也无法培养学生自己的消化功能，不能培养学生实际的阅读能力。所以教师应该放手让学生自己去阅读，设置一个有一定宽度的问题，让学生自己去发现，这样一来学生的能力就能得到训练，同时通过改变问题设置也可以规避学生的快速概念式抢答。当学生回答了之后，教师再加以追问，追问的切口可以小一点，具体一点。这篇小说的环境描写，学生估计能够看出一些基本的内容意义，当然也属于浅表层次的。教师的作用在于引导学生看出更深层次的内涵，比如教师提到了社会环境，社会环境是什么，就是人与人之间的关系。这篇小说有个包袱、悬念，就是桑娜把邻居的两个孩子抱回家之后，一直担心丈夫回来会暴跳如雷，会揍她，这就间接反映出当时的社会背景——人与人之间的关系，妻子和丈夫的关系。夫权至上与王权至上常常是相伴相随的，家庭关系也可以折射当时的社会关系，而这个人物关系直接联系到小说情节的发展，将小说推向高潮的就是这个悬念。小说结局悬念落地，丈夫也是主张把两个孤儿抱回自己家抚养，充分体现了小说的主题：穷人虽穷，但德性向善，温暖人心。

我们追求全息阅读，所谓全息理论主张事物之间是相互关联的，是全息关联的统一整体，部分是整体的缩影。通过《穷人》这篇课文的教学，应该让学生理解小说的环境描写之间是相互关联的，环境描写与人物、情节是关联的，它们共同构建了小说的整体，小说的环境也折射出时代特征。

适度超越学科本位的教学取向

又至周末，节日般的听课评课如约而至，听了初出茅庐的刘老师上的数学课《确定起跑线》。这堂课还是颇有设计感的，教学源于学生的生活，关注实践，事先在学生上体育课的时候，组织学生两次进行 200 米比赛，让学生选择跑道，理解外圈学生前移多少米才是公平的，让学生带着问题来上课。教师此举旨在与体育学科结合，从真实情景入手，让学生体会到数学知识在生活中的广泛应用，增强数学学习的应用意识。教学中教师通过问题设置，不断启发学生思考：除最里道外，其余各个跑道前移多少米才是公平？跑道的长度如何计算？跑道之间的长度差异是如何形成的？……教师的引导逐层递进，学生的思维步步深入。

当然刘老师这堂课也暴露出很多技术性的细节问题，诸如只关注到抢着回答的学生，没有关注到不回答的学生，这其实是初任教师的通病，容易亲近与自己观点相同、相似、相近的学生，反之就疏远与自己观点相反或者不表态的学生。又比如教师的讲解过多，板书字迹太小，这些都是教学技术上的问题，属于教学经验不足，因此不断地上课，反思，上课，评课，能够促进自己迅速提高教学技术水平。

这堂课还是很有探讨价值的。我想问的是，如果这堂课是由一个中年教师来上，一个骨干教师来上，一个学科带头人来上，在规避了经验不足的问题之后，是否还有上升的空间和必要？我以为是有的。我首先要问：是教数学，还是教人？其他学科同理，是教学科，还是教学生？我们大多数老师都是教学科，教学科就只关心学科知识点、能力点，让学生掌握这些知识点、能力点就是这堂课的教学目标、教学任务。如果是教学生，教师心中就要有一种信念：如何让学生的思维水平获得提升？如何让学生变得更加聪明？也就是从学科开始，最终要落到学生思维的提升上。教师教给学生的切入口是一个点，但是让学生最终收获的是一个类，一种方法，一类方法。刘老师这堂课不断地引导学生去发现规律，她为此设置了诸多问题：每条跑道是由哪几部分组成的？跑道的长度如何计算？教师引导学生发现跑道之间的长度差异是由哪部分组成的，引导学生去掉无关的因素，发现真正有关联的要素，从而找到规律。在学生计算出第2条、第3条、第4条跑道与第1条跑道的长度差之后，教师引导学生思考这三个数据之间有什么规律，明确跑道的周长、跑道的直道长度和内圈直径都是无关的，只与跑道本身的宽度有关。由此推算出第5条、第6条、第7条跑道往前移的距离。这些做法都是很好的，都是在教人。如果能再进一步启发学生思考是如何发现规律的，即教给学生发现的方法，那就更加有益了。比如寻找共同要素，寻找本质上相关的因素，减去重复且无关联意义的因素，从而找到直接关联要素。

再深入一步，其实可以找到变异思维的思维模型。这堂课引导学生发现规律，等次顺延，有正例，如由第2条、第3条、第4条跑道与第1条跑道的长度差，推出第5条、第6条、第7条跑道往前移的距离，就是等次顺延的典型案例。也有反例，如本节课的最后，回到真实的情景中，如何画出第 3 条、第 4 条、第 5 条跑道的起跑线，就不是简单地在第 2 条或第 3 条、第 4 条起跑线上再增加相同米数，这就不是等次顺延了。变异思维的思维模型包括正例、反例、旁例，让学生掌握这种方法论，对提升学生的思维很有意义。其实还可以告知学生除了等次顺延，还有梯次顺延。等次顺延就是按照相同的数量或其他要素依次顺延下去，而梯次顺延则是按照不同的数量阶梯式地顺延下去。站在启发学生思维的教学立场上看，就是不能局限在学科本身上，而应抓住一切可利用的资源开启学生的智慧，基于学科，超越学科。

此外，这堂课站在教人的立场上，还可以从两个方面展开。其一是课堂的最后再向现实生活延伸，今天这堂课解决的是不同跑道的不同起跑线问题，现实生活中，还有哪些与之相似、与之相关的问题，可以点一点，由此及彼地延伸开去，学生的收获就不止停留在一个问题的解决上面。其二是让学生先行猜想，然后再来验证学生猜想得准确与否，比如关于每条跑道的起跑线设置与什么因素有关，可以让学生进行前期猜想，这样做其实就是训练学生科学的研究方法，大胆猜想，小心求证。

总之，我以为学科教师应该适度超越学科思维，这样说并不是否定学科思维，学科教师当然要关注本学科的基本任务在课堂里的实现，但同时还应该有育人思维，即启迪学生智慧，培养学生思维品质。现实教学中，多数老师都是"学院派"，都秉持学科本位主义思想，学科界限过于僵化、固化，这无疑是不利于学生核心素养的养成。

智能化、个性化学习实现有效减负

上午去学校听了严老师和许老师上的数学课，这是一堂实验课，真人老师和 AI 老师共上一节课。我们先回顾一下整节课的过程。先让学生温习，然后很快进入自主学习阶段，学生一个个开始在 IPad 上学习，有两三个学生开始使用不太顺利，在老师的帮助下很快适应了。建议在新授课班级，一定要先做好使用 IPad 的相关介绍，给少部分学生以操作指导。包括程序，以及坐姿，电脑上抱着写，还是举着写，还是放在台面上写，等等。同时还应该教育学生基本的学习规范，不能干扰其他同学学习。IPad 上有老师进行相关的知识讲解，同时提供按部就班的练习：学生各自在做自己的练习，先提供标准化试题，后提供主观性试题，标准化练习出错，AI 教师会批改并讲解，并给予新的类似的题目。所有学生的做题界面，教师的 IPad 都可以呈现出来，教师可以在自己的 IPad 中批改学生的主观题，个别化地指导相关学生。这样一路下来，就会发现有人错得多，做得慢；有人做得快，正确率高。这些情况都反映在教师的 IPad 中，被投射到大屏幕上，隐去学生的名字。学生做完了所有的题目之后，老师发一张纸，上面有一道最难的题目，难题做完之后，许老师解答相关问题。

这堂课的优点：学生个性化学习基本实现，教师能够了解所有学生的实际情况，针对性指导也基本实现。

我们开发这个数据化、交互式教学系统，其指导思想就是实现学生个性化学习和教师个别化指导，提高教与学的效率，落实"双减"的政策，减去学生不必要承受的负担和承受不起的负担。这里有一个基本的前提假设，那就是学生是不一样的，学生的学习基础不一样，学生的学习速度（思维反应的速度）不一样，学生的学习兴趣不一样，学生的个人天赋不一样，学生的发展志趣不一样。那么，基于此，学生的学习目标有不一样的地方，所学的内容有不一样的地方，学生所需要掌握的技能有不一样的地方。这样表达，即意味着在尊重学生基本相同的学习目标、学习内容的前提下，也肯定学生有不一样的学习目标和学习内容。一样的就是同一个年级的学生都必须掌握的基础部分内容，不一样的就是超出基础部分的、个性化的、提高的内容。建立这样的基本假设，方能在实际教学中实现因材施教、个性化教学。

可改进的地方：第一，学中分类，边学边分。严老师的教学部分，是基础部分的内容，要求学生都必须掌握；许老师教学的部分是提高的部分，严格地说是不能要求全体学生都掌握的，差异化教学首先体现在学习内容及其练习、作业上，这个前提假设必须建立起来。因此必须把第二部分发纸给难题的方式，放在 IPad 中，让一部分学有余力的同学去做题，而基础题错得比较多的、做题速度比较慢的同学不必去做那个难题，即不做提高性质的难题。教师给他们这些人的题目应该是基于前面做题实际情况，再提供相类似的题目，可以有些变化。这样才能实现因材施教，实现有意义的减负。今后发展，可以基于学生的实际情况，让一部分优秀学生不必做太多的基础题，也就是在两三道题之后，就可以发现有的优秀学生反应极快，可以省去一些类似的题目，让他们减少不必要的练习，这部分学生应该是跳跃式前进。

第二，分类指导。课堂上的练习可以分成两类，一类是基础部分，一类是提高部分。学生各自完成之后，教师可以实施分类指导，实现先学后教，以学定教。严老师基础部分的内容学生学完之后，做练习，练习做完之后，数据化、交互式教学系统将学生练习的错误类型进行分类，教师可以根据学生实际情况进行更加有效的指导、讲解。许老师提高部分的教学也是在学生学习的基础上进行学习指导，针对学生的实际问题，总结指导学生学习。这样，提高部分的学生实际上不需要再听严老师基础部分的讲解，而基础部分的学生也无须听许老师提高部分的讲解，各学所需。当然我们不能排除有一少部分学生思维反应速度慢一些、解题过程慢一些，但他仍然对提高部分的内容很感兴趣，给他足够的时间他也能学习掌握，教师不能将他的诉求排除在外，应该给予机会，给他提供相应的提高练习题，他可以在其他空余时间完成，并获得 AI 老师或真人老师（课余时间）的相关指导。当然我们只是假设这部分学生很少，如果这部分学生数量不少的话，还可以给他们增加课时，加课的前提就是他们必须减去其他的课时，这一点学生、家长、教师都要做权衡。

第三，课后分类练习。基于学生的实际情况，教师通过互动式、数据化教学系统提供适合于每一个学生实际学习情况的课后练习，给每个学生推送不同的作业。这项工作首先是要确定共同练习，共同作业，也就是先把每个学生必须掌握的知识点、能力点的相关练习确定下来，然后再去制定发展性练习、提高性作业，也就是这类作业不是每个学生都要完成的，适合的学生去做适合的作业练习，这就是个性化练习、个性化作业，把不必要的负担减掉。

交互式数据化课堂教学系统，从根本上说是一个工具，是一个智慧工具，让工具帮助我们实现更有效的教学，帮助老师教，帮助学生学。帮助老师教，就是从经验性教学走向实证性教学。过去和现在课堂教学都是凭教师经验进行的教学，教师根本不可能精确地判断全班每个学生课堂实际掌握的情况如何，借助交互式数据化课堂教学系统这个工具，让我们教师能迅速了解学生实际学习情况，这个工具的意义在于迅速帮教师找到学生的错误，迅速帮我们归类学生的错误，迅速解决它能够解决的学生问题，迅速将它不能解决的问题推给教师，从而让教师能够从容地个别化辅导学生，又能类型化讲解，针对性地解决学生的问题。帮助学生学，即由群体性学习走向个性化学习，班级授课制下，教师很难针对每个学生的实际情况进行高效教学，一般都是抓中间带两头，客观上很难顾及两头。借助交互式数据化课堂教学系统这个工具，学生不仅可以自己独立学习相关知识点，之后做相关练习，以验证和巩固所学知识点，每个学生还可以根据自身基础不同，思维反应快慢不同，各自按照自己的进度来进行学习。当练习有相同，有不同，差异就能体现出来。

如果交互式数据化课堂教学系统这一智能软件可以实现助教助学，那么我们最终就能实现因材施教、个性学习，减轻学生负担。

课程教学研发的相关维度

怀特海在他所著的《教育的目的》一书中提道："教育改革的第一要务是，学校必须作为一个独立的单位，必须有自己经过批准的课程，这些课程应该根据学校自身的需要由其自己的老师开发出来。"学校开发校本课程是课程改革进入到一定阶段的产物，我们学校的课程教学研发进入到课程纲要、学材样章的阶段，利用教研时间向老师们分享了我关于课程教学研发样例共性特征的基本看法。

一、课程教学研发的思想理念

课程教学开发要建立以学生为本的基本思想理念，课程教学归根结底是为学生服务的，服务于学生的成长，因此在研发课程教学的过程中要时时处处为学生着想，为学生的发展着想，专业的课程教学要与学生生活共情。这个所谓的共情，就是作为研发课程教学的教师与学生共情，站在学生的立场角度思考问题，不能走概念先行的路子，也就是说不能把现成的知识概念抛给学生，而应该让学生基于事实、现象去发现规律，慢慢理解知识，认识原理。

二、课程教学研发的思维方法

第一是结构性思维。一个具体课程教学的开发研究，是一项立体的系统的结构研究，从课程教学开发的背景，到课程教学的缘起，从国外的相关课程教学研究到国内的相关课程教学研究，从理论主张到一些学校先期的实践经验，做些非常认真的文献综述，在此基础上，对比英国、美国、法国等发达国家的相关研究，从课程教学目标、课程教学维度、课堂教学阶段、课堂教学主题、课堂教学方式等方面加以比较，同时也比较当下中国学校的相关课程教学的研究与成果。这部分工作必须做得很规范，所有的研究都应该是建立在别人已有的研究基础上，因此我们首先要弄清楚以前的研究状况，弄清楚该课程的问题与难点，在此基础上对我们学校的课程教学进行顶层设计。涉及诸多维度：办学目标、课程教学组织、学习思维、学习结构、课程教学编辑、课程教学内容、课程教学评估、课程教学延伸等等方面，完全是一个整体的结构。至于每个小的环节，也是完整的闭环，诸如沉浸式的思维成长发展闭环，包括学术、学习生活、学习结构、个人思维发展技巧、元学习能力，等等。

第二是演绎与归纳思维。课程教学开发的不同阶段应该采用不同的思维方式，在课程教学研发的先期过程中，我们应该而且不可避免地必须采用演绎法，根据逻辑关系，由一般到个别，先理论后实践，由原理到案例，这是我们思考、研究所经常使用的思维方法。当课程教学开发进入学材阶段，课程教学研发的东西的呈现方式即学材，也就是进入到教学阶段，虽然我们并不排斥演绎法，但可能更多会采用归纳法，也就是从案例出发，从个别出发，从实践出发，让学生面对现象，面对案例，去思考，去研究，去学会发现，而不是一开始就把知识、原理、规律完全抛给他们。如果把现成的知识简单地抛给学生，那么学生就是完全被动地接受现成的知识，而不是主动学习了，教学就变成灌输与接受。课程教学开发的不同种类应该采用不同的思维方式，一方面我们要开发供教师使用的教材，那么可以更多地使用演绎法，把来龙去脉梳理清楚，把逻辑关系梳理清楚，帮助教师正确把握；另一方面我们还要开发供学生使用的学材，学材则更多地使用归纳法。

三、课程教学研发的参照与来源

第一，课程教学研发的借鉴参照。我们所研发的这门课程可以学习、借鉴国内、国际课程的基本思想，比如 IB 课程跨学科探究主题："我们是谁？我们处于什么时空？我们如何自我表达？世界如何运作？我们如何自我组织？我们如何共享地球？"这些问题原本就是学生人生所涉的基本问题，也应该成为所设计课程的参照，借鉴这些思想主题可以帮助我们弄清楚课程的相关逻辑结构。

第二，内容来源的多元化。我们所开发的课程教学内容来源除了相对单纯的学科教学之外，其他跨学科的课程教学和超学科的课程教学内容来源应尽可能多元化、多样化、多渠道。例如《儿童哲学》这一门课程教学其内容来源原本就应该是多样化的，因为儿童哲学是儿童的哲学，儿童在生活中所引发的思考。对社会的认知，对自然的体验，由此产生哲学的思考，哲学的追问，所以不能把内容仅仅局限在历史故事之中，要打开，要站在孩子的角度，站在孩子的立足点，去选材，去构建。作为课程教学的开发者，我们要设身处地去想想，孩子常常见到的是什么，听到的是什么，遭遇到的是什么，他们会有什么疑问，他们会怎么想，他们的思想轨迹如何，等等，为学生开发课程，不是为教师开发课程。此外，我们还应该给学生留白，让学生自己提出问题，根据他们所遭遇的现实提出自己的疑问，提出自己的哲学之问，然后组织学生一起讨论探究。

四、课程教学研发的语言表达

所研发的课程教学内容是供学生学习使用的，针对不同年段的学生，语言表达就必须有所不同。小学低幼年段的课程，文字不宜过多，而应该配上更多的形象画面，借助形象让学生易于理解。高年段学生势必涉及一些抽象的规律、原理，对这些规律、原理的阐述，不宜总是停留在理论逻辑的层面，而应该多举例子，举例子是让学生读懂原理、理解课程内容的一个有效办法。当然所举例子应该是与原理相一致的，不宜过长，言简意赅，把道理说清楚为主，那么事先要做精心的选择，选择典型的例子、生动的例子，这样例子就成为课程学材中的重要组成部分。

所研发的课程学材一定要拿到实践中去具体使用，在使用的过程中要不断听取学生的意见和想法，教师自己也要不断地发现问题，结合学生的意见、建议加以改进，使之不断完善。

五、课程教学研发的实践操作性

一门具体课程的研发，既是一项课程研究，也是一项教学研究；既是一项理论研究，也是一项实践研究。从研究的角度讲，我们的研究有一个由简单到复杂的过程，也就是说要把该项课程研究的方方面面研究到位，还原它的复杂样态；从实践的角度讲，我们的课程教学需要由复杂到简单，也就是要考虑到教学的实际操作性，就必须化繁为简。我们老师的研究现状还处于初级阶段，因此内容庞大，这需要进一步弄清楚线索与线索之间的逻辑关系，板块与板块之间的逻辑关系。把关系理清楚了，才能实现化繁为简，才能走向实践运用。

当下我们的课程教学研发，是基于当下的思想认识与课程教学研发水平所做的，未来将发生诸多变化，社会变化，教育变化，课程教学必然变化，因此，今天的课程设置如果能留下未来的"接口"，那么课程教学面向未来的适应性就强了，这样的"接口"不仅让课程教学有了一定的延展性，也增强了课程教学的生命力。

博物之旅教学任务单的设计

我一直主张把学校打开，把课程打开，把课堂打开，博物之旅就是我们打开之后的一种课程、一种课堂。顾名思义，就是博物馆之旅，就是利用在校学习时间，将学生带到博物馆去学习。不是简单地走马观花，不是春游秋游，而是视为必修课程的有机组成部分，因此必须进行相关的课程教学设计，课程教学设计就涉及课程教学目标、课程教学内容、课程教学实施、教学方法、课程教学评价等一系列问题。

其中最关键的是必须体现学校课程教学的专业性。学校教育和家庭教育不太相同的地方就是专业，学校是专业化的教育机构，教师是专业化的教育工作者，因此课程教学就必须是专业化的。同样是带学生去博物馆学习，一般家长带孩子去，和学校老师带孩子去，应该有专业化的差异，否则不能体现学校的意义和价值。都是去博物馆，都是去看、去听，至少教师带学生所看到的、所获得的不能仅仅停留在表层，关键在于教师要设计出有效的任务单。任务单具有引导作用，通过任务单里的问题设计，让学生由表及里，由浅入深，真正读懂、听懂，而不是仅仅读懂表层。读懂深层，这就要靠教师的启发、指导。要达到深层，首先是教师自己要读懂，如果自己都在表层上徘徊，那就不可能指导学生进入深层。其次要设计一个有效的任务单，即基于场馆资源而设计出的相关问题，引导学生学习。

案例一：一位教师带学生参观上海地震科普馆。参观之前，教师设计了"主题学习任务单"，一共提了 10 个问题：什么是地震？地震产生的原因是什么？地震是如何分类的？地球板块的分布及其地震带分布的关系？地震如何预测？现阶段各国预测地震的水平如何？地震会带来怎样的灾害影响（包括次生灾害）？地震前会有哪些征兆？室外躲避地震的方法？室内躲避地震的方法？候风地动仪的原理？

我们不能说设计这些问题没有作用，但这些问题是教科书式的问题，且问题太大，它们不是基于地震科普馆的现场资源来设计的，根本没有现场设计感，学生无须到地震科普馆即可根据教科书作答，或者上百度也可以搜索到相关的答案，这就无法体现到博物馆现场参观的意义。教师设计的"任务单"一定要基于博物馆的现场资源，这样学生必须在深入研究现场资源的基础上方能作答，这样设计出的任务单才是有效的。

案例二：参观中华艺术宫，重点考察《清明上河图》。执教"艺术史与艺术鉴赏"的老师成功地设计了一份任务单。第一项任务是在参观中华艺术宫展出的《清明上河图》之前，让学生观看一部纪录片。第二项任务是让学生回答三个问题。教师基于中华艺术宫展出的《清明上河图》设计了三个问题。问题 1：这幅作品讲述了当时中国生活的哪些方面？（a）人们有哪些工作？（b）人们是如何娱乐自己的？（c）人们穿什么样的衣服？（d）人们是富有还是贫穷？你是怎么知道的？问题 2：这幅作品的一个重要方面是声音效果。闭上眼睛听。（a）你能听到人们在说什么？（b）这告诉你关于人们和他们的生活方式的什么信息？（c）这如何增强了你的观看体验？问题 3：挑选一个你觉得这幅画有趣的部分。（a）描述该部分并讨论为什么你觉得它有趣？（b）完成该部分的详细草图。

所设计的第一项任务是观看纪录片，通过此片让学生了解《清明上河图》在中国文化和历史中的意义。这个环节就是让学生事先了解相关背景。这个背景介绍是不可或缺的，背景介绍当然可以采用多种方式，比如提出一系列相关的问题，让学生自己去查找资料。这种方式不能保证学生都认真阅读，有不少学生为了完成老师的任务，采用百度加复制粘贴的方式，基本不看，但是纪录片的播放能够基本保证学生都观看，从而对相关背景有所了解。

所设计的第二项任务是回答问题，这些问题完全是基于中华艺术宫的现场资源来设计的。中华艺术宫展出的《清明上河图》不是一般的平面图画，而是有动态、有音响的巨幅画卷，所以教师设计的问题就是要充分调动学生的多种感官去欣赏、去读懂画卷。教师所设计的问题1，就是让学生借助视觉去感知画作；教师所设计的问题2，就是让学生借助听觉去理解画作；教师所设计的问题3，就是让学生整体感知画作，用自己的语言、用自己的草图表述对画作的理解。教师所设计的这一系列问题切口相对较小，都是学生读懂画作很好的支架，这些问题让学生现场感知，即时思考，现场回答。特别精彩的是"闭上眼睛听。（a）你能听到人们在说什么？（b）这告诉你关于人们和他们的生活方式的什么信息？"这几个问题的设计，不但提示学生现场的学习姿态，而且是让学生学会从对象本身获得信息，获得研究的资源，学会研究的一种方法，这样设计问题就突显了现场参观博物馆的意义。让学生读懂对象，就是让学生重点研究馆藏物，这个环节如果没有老师的深入点拨，学生只能是望其表层、一带而过，因此，教师作为课程设计者就要在这里设计有启发性的问题，让学生借助教师的问题由表及里、由浅入深地走向深层。

　　第三个问题的第二项任务是完成该部分的详细草图，这是一个模仿创作，其实画不是目的，画出草图其实是让学生更好地读懂，读懂原作的技法，从而有助于读懂原作的含义，如此而已。

点评"金茂蓝思分级阅读课程教学设计"

　　J老师汇报英语拓展课程教学设计，J老师直接进入微观教材的研究、教学方法的研究，的确有其可取之处，事实上J老师做的是金茂英语的蓝思分级阅读课程教学设计。作为一个规范的课程教学研究，需要进行前期研究，需要做文献综述，看看别人都做了什么，然后讨论决定我们做什么。这个课程教学项目比照的是蓝思分级阅读，那么首先一个问题就是何谓蓝思分级阅读，其本质特征是什么，蓝思何为，蓝思分级阅读到底是怎么做的？在深入研究蓝思分级阅读的基础上，再来阐述我们即将要做的分级阅读，而且可以做一些适当的对比，说明我们这项课程教学设计的意义。

　　除了背景研究之外，作为一项规范的课程教学研究，需要阐明几个基本的问题。首先是课程教学设计的名称。鉴于此项课程教学设计基本上是以蓝思阅读为基本依据和参照的课程教学设计，名称上应该出现"蓝思"这个元素；又因为这项课程教学设计是在蓝思基础上的改进，带有自己学校的特色，因此我们不妨称之为"金茂蓝思分级阅读课程教学设计"，就像"NBA"与"CBA"的关系一样。这是一个拓展型课程教学设计，又是学生人人都需参与学习的课程，所以即可确定为限定性选修课。其次必须阐明的是"金茂蓝思分级阅读课程教学设计"的课程教学目标。这一点 J 老师在教材的具体内容中涉及了英语学科教学目标，但作为一门课程，先要阐述这门课程的总体目标，这个目标不仅包括英语学科的目标，还应包括育人目标。学校育人目标可以从两个方面考虑：其一是金茂学校的总体培养目标，它直接影响到学校各项课程教学的目标；其二是国际课程的培养目标，比如美国蓝思分级阅读的课程教学目标，再比如 IB 课程教学的育人目标。

PYP 培养的目标态度：1. Appreciation 欣赏，能欣赏世界的和本民族的优秀文化遗产。2. Commitment 承诺，孜孜不倦，勤奋好学，能够约束自己，富有责任感。3. Confidence 信心，树立个人学习的信心，有勇气冒险，会学以致用，有果断的决策能力。4. Cooperation 合作，能因势利导，灵活应变，与他人良好地合作。5. Creativity 创造，思维方式、处理问题、应付复杂局面的方式具有创造性。6. Curiosity 求知，对世间万物如世界、人类和文化充满好奇。7. Empathy 同理心，设身处地为他人着想，理解包容其他人的思维方式和情感。8. Enthusiasm 热情，积极上进，不断进取。9. Independence 自立，独立思考、独立判断、独立决策，独立分析问题和解决问题。10. Integrity 正直，忠厚老实，处事公正、为人正直。11. Respect 尊重，尊重自己，尊重他人，尊重身边的世界。12. Tolerance 宽容，感受差异，尊重差异，恰当处理差异。

IB 课程教学的培养目标：1. Inquirers 勇于探究的人，学生的好奇心理得以正确引导，引导他们独力地探索未知领域，锻炼他们从事有目的并具建设性的研究能力。2. Thinkers 善于思考的人，他们能够主动用批判性并具创造性的思维方式，来进行正确的选择，来解决复杂的问题。3. Communicators 善于交流的人，他们能从容自信而又灵活地运用多种语言来接受和表达思想。4. Risk takers 敢于冒险的人，他们能临危不惧、信心十足、独立自主地探索新的方法、新的途径来应付复杂的局面，既有勇气又敢于坚持自己的观点。5. Knowledgeable 知识渊博的人，在学习期间，他们花大量时间探索具有全球性意义的重要主题，由此他们获取到大量丰富的知识。6. Principled 有原则性的人，他们原则性强，诚实、正直、有正义感、公平。7. Caring 有爱心的人，他们有爱心，顾及别人的需求与感受，他们会身体力行地助人为乐。8. Open-minded 心胸宽广的人，他们心胸宽阔，尊重他人以及其文化习俗、观点、传统和价值观，并在考虑问题时融入这些差异。9. Well-balanced 全面发展的人，他们懂得身心健康同时发展的重要性。10. Reflective 善于反思的人，他们会反思自己的学习效果，并分析他们自己的优势和弱势。这些都可以作为我们课程项目的目标参照，并加以借鉴。

分级阅读的关键在于分级的基本依据是什么，因此作为课程的重要因素必须加以阐述。作为学校拓展型、限定性选修课程，它与国家必修课程的关系是什么，是延伸，是拓展，是互补？这个也要加以阐述，并总结它们之间是否匹配。

J 老师的研究直接切入学习方法，包括词汇层面、阅读层面、理解层面的学习方法，如数字学习法、历史学习法、历史讲解法，其中有的方法不乏生动，且贴近学生，但这些方法需要进一步论证，需要比较清晰的界定方法。阐述理论依据时，也可以插入实践经验，重要的是能够自圆其说，经得起质疑。比如借用历史的方法来学习英语，这就要注意应该以简单来解释复杂，但不能以复杂来解释简单，也就是说不能越搞越复杂，无形中增加学生的负担，这就背离初衷了。

中小学美育课程教学

自从微信流行之后，朋友之间的言语文字往来很少用邮件了，邮件多半是公务往来的一种形式。忽然有一天接到了老朋友林茶居的一封邮件，有几分意外，有几分欣喜，被朋友惦念，总是让人高兴的事情。一读邮件，原来是约稿函，承蒙茶居主编的信任，让我写写美育课程这个话题。说实话，一直以来，我没有认真地碰过这个话题，也有刊物约过这个主题的稿件，都被我婉言拒绝了。照实说，我其实没有深入研究过这个主题，于此没有自己独到的见解，这是一件很尴尬的事情。茶居是很文艺的，他的约稿函也是很文艺的："期待在本月 25 日前后完稿——您是写作高手兼快手，想必这个时间不会太紧吧？五千字左右即可。谢谢。秋安！——瞧，都入秋了。"多年老友相约，本就不好意思拒绝，况且面对这样的"实用+文艺"的林氏约稿函，就更无法拒绝了……茶居是《教师月刊》的主编，《教师月刊》是刊登教师随笔的刊物，于是我决定用随笔的方式写这篇文章，信马由缰，自由自在……

美育的意义在哪里？美育课程教学的意义在哪里？还记得当初阅读李泽厚先生《美的历程》，他用充满诗意的语句写道："那人面含鱼的彩陶盆，那古色斑斓的青铜器，那琳琅满目的汉代工艺品，那秀骨清像的北朝雕塑，那笔走龙蛇的晋唐书法，那道不尽说不完的宋元山水画，还有那些著名的诗人作家们——屈原、陶潜、李白、杜甫、曹雪芹……的想象画像，它们展示的不正是可以使你直接感触到的这个文明古国的心灵历史吗？"人类的各个历史阶段都留下了美的印迹。上海20世纪80年代只有一家美术馆，到了2020年已经有83家美术馆。人们对美有着不懈的追求，热爱美，欣赏美，创造美，生活世界时时有美，处处有美，美是人类生活不可或缺的基本元素，美即生活，理想的世界即美的世界。麦肯锡是全世界最大的企业咨询公司，1993年员工有67%是MBA，2003年这个比例已经降到了41%。现在十多年过去了，还在继续往下降，那么是什么人填补了麦肯锡这些头脑一流的MBA呢？是麦肯锡增加了很多MFA（master of fine art），就是艺术硕士。麦肯锡意识到，他们的调查报告必须要用艺术的方式来表达，于是很多MFA慢慢替掉了MBA。由此可见，艺术已经成了人们的一种生活方式，时时处处与我们相伴相随。艺术素养已经成为未来任何职业都必须需要的基本素质，关乎未来人们生活质量的必要素质，因此美育课程自然就成了现代教育的必要课程。

教育是为明天服务的，教育就是为了塑造美好的明天。如果我们确认美育课程的重要意义，接下来的问题就是关于美育课程我们应该确立什么样的价值取向。这个问题很重要，因为办学者、学校教师的美育课程教学的价值取向直接决定了学校美育课程教学设置的基本方向：是指向考级升级，还是指向审美素养？是指向创建所谓的学校特色课程，还是指向学生的想象力与创造力的培养？这无疑是非常重要的。不仅校长、教师需要端正自己的价值取向，而且学生及家长也需要端正自己的价值取向。我曾经读到这样一则故事。

一个中年人，提着一把小提琴，旁边跟着一个小姑娘，一看就知道刚参加过一个小演出，但这个小姑娘嘟着嘴不开心。原来这个小姑娘刚刚参加过小提琴的三级考试，没考过。她父亲就说，爸爸当年给你报这个小提琴班，不是为了让你过级。爸爸就是希望有一天你长大了，爸爸不在你身边，你觉得不开心了，为自己拉一曲，那个熟悉的音乐走出来，环绕着你，就好像爸爸还在你身边一样。我就希望你有一个这样的爱好，能在这个时刻陪伴着你。

这个故事里的家长有一种超越名利、超越实用的价值取向，他不是让自己的孩子通过一种艺术门类的级别考试，不在于习得小提琴技艺的什么等级，而是让孩子找到获得一种精神慰藉的方式，寻找一种关乎心灵健康的路径。

有一个家长给孩子写了一封信，信中说道："父母不希望你成为运动健将，只是希望你有健康的、充满活力的身体；父母不需要你琴棋书画样样精通，但是你需要有一双寻找美的眼睛和懂得欣赏美的心灵；父母不需要你门门功课都优异，但希望你终身保持对知识孜孜以求的劲头。"

这封信所表达出的家长的价值观念，引发了我的思考。我们现在不少学校创建所谓体育特色学校，就是通过招进具有特殊运动天赋的学生，通过比赛取胜获奖，从而争取成为某个项目的体育特色学校。而事实上，这所学校并没有多少学生从事这个项目的体育活动，这就是典型的为特色而特色。我发现我们不少学校更在乎的是体育特色学校这块牌子，而并不在乎学生运动本身。艺术也是如此，不少学校追求的是艺术以外的名和利，而对学生内在的艺术修养本身倒是忽略了。

美育课程教学，让学生学习、掌握一项或几项艺术的技能，说到底只是一种手段、一种方式而已，让学生热爱艺术，欣赏艺术，会用艺术的方式抒情达意，培养学生自觉的审美素养，培养学生的想象力和创造力，这就是我们美育课程教学的初衷之所在。

确立这样的目的，美育课程教学就顺理成章了，除了按照国家课程标准要求开设相关的美术课、音乐课之外，学校还可以开设大量的美育选修课。分门别类，音乐类、美术类、舞蹈类、文学类、戏剧类，音乐类又可分为声乐类、器乐类。声乐类可分为美声唱法、民族唱法、通俗唱法等，还可以分为独唱、合唱等。器乐类还可分为西洋乐器、民族乐器，西洋乐器还可分为弦乐、管乐、打击乐等，还可以往下分类，一直分到具体的课程门类。美术类可分为雕塑类和绘画类，绘画可分为西洋画、国画等等；西洋画可分为油画、水彩画、水粉画等，国画可分为人物画、花鸟画、山水画等等。舞蹈类可分为民族舞、古典舞、拉丁舞、现代舞、艺术体操（艺术体操兼具体育和艺术两种特征属性）等等。文学类可以分为鉴赏类、写作类，鉴赏类可以分为小说鉴赏、诗歌鉴赏、戏剧鉴赏、散文鉴赏；写作类可以分为童话写作、诗歌创作、小说创作类、戏剧创作，等等。戏剧类可以分为绘本剧、课本剧等，绘本剧适合于小学生，课本剧适合于中学生。根据学生人数，根据学生进一步发展的意愿，可以组织学生社团，比如管乐团、弦乐团、合唱乐团等，让学生一展自己的艺术天赋、艺术才华。

当然我们也知道学校限于条件，不可能有如此门类众多的选修课程教学，但是我主张尽可能多地开设相关课程，供学生选择学习。因为这是美育课程教学的目标所决定的，我们的目标就是让每个学生找到自己心仪的艺术种类，真心地热爱它，一辈子欣赏它，以美的艺术来陶冶自己的情操。因此尊重学生自己的兴趣爱好，发展学生自己的艺术特长，美育课程教学就得从学生出发，按照学生自己的兴趣加以选择，经过若干年之后学生能逐渐学会一种艺术表达，养成一种自觉的审美习惯，培养一种气质——文明的仪态举止、高雅的审美情趣。

我在深圳明德实验学校任职校长期间，就组织老师开设了20多种美育选修课程供学生自己选择，管乐、弦乐、口风琴、葫芦丝、合唱、形体课、绘画基础、雕塑技法、肖像雕塑、雕塑创作、AP艺术史、儿童插画、彩铅手绘、书法、折纸、芭蕾舞、中国舞、民族舞、现代舞、爵士舞、艺术体操等，每个学生都要选择一门课程，在规定的时间里学习、练习，事实证明这样一种方式赢得了学生的充分喜爱，取得了很好的效果。此外我们在小学阶段还开设了绘本课程，在孩子们短暂的儿童时代，我们要求老师多给他们读有趣、好玩、想象丰富的童话和图画书，要多给他们讲好听、有趣的故事，多让他们投入到快乐的游戏中去。我常常跟家长交流，让他们不要急着给孩子们灌输知识，或讲授一大堆功利心极强的道理，不要忙着给孩子们上"补习班"，不要剥夺孩子们此刻的最强烈的需求，把美还给儿童，把快乐还给儿童，这才是真正尊重儿童，这才是爱孩子！

客观地说，学校的美育就是培育学生的审美观、审美能力，而培养学生的审美能力，不仅在于培养学生的艺术兴趣和艺术表达，更深层的意义就是培育学生的想象力和创造力。

为什么要培养学生的想象力和创造力？弗里德曼在他的《世界又热又平又挤》中说道："未来世界将不会简单地以发达国家和发展中国家来划分，而分为高想象力（HIE）和低想象力（LIE）两种国家。……如果我有一个创意火花，我可以在香港找设计，通过杭州阿里巴巴找厂商来贴牌生产，由一个网站来设计企业LOGO，真正的增值恰在最初的创意之上……所以在这个世界上，判断一个国家的标准是创新，一个国家要么是高创新的，要么是低创新的。"未来社会，国家需要创造性的人才，而创造性人才的主要标志之一就是高想象力。

不妨看看现实的一些社会现象。汪曾祺纪念馆 2020 年 5 月 18 日对外开放，设计师是某某大学建筑设计院副总建筑师。木心美术馆，2015 年开馆，设计师是建筑大师贝聿铭的弟子，美国 OLI 建筑设计事务所的合伙人冈本博与林兵。

何其相似——正面主标志墙面！

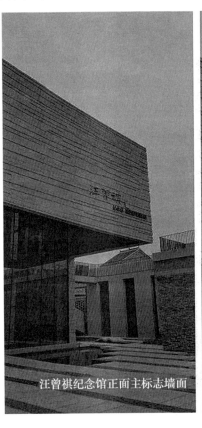

汪曾祺纪念馆正面主标志墙面　　　　木心美术馆正面主标志墙面

何其相似——旋转楼梯！

汪曾祺纪念馆旋转楼梯　　　　　木心美术馆旋转楼

何其相似——阶梯式图书馆！

汪曾祺纪念馆阶梯式图书馆

木心美术馆阶梯式图书馆

几乎都是拷贝复制而来！何止是这一个案例？何止是这一个领域？……

2021年3月30日因身陷"抄袭风波"，青海省美术家协会主席王筱丽已被停职审查，并被暂停中国美术家协会会籍。

作为教育工作者，自然会联想到教育，想象力贫乏与学校教育有关吗？学校标准化教学导致学生思维格式化，思维格式化是想象力贫乏的关键所在。未来胜任力的关键在于创造力，创造力关键在于想象力，在于思维能力。学校目标不在于培育优秀的"记忆者"，而在于培育出色的"思考者与探究者"。美育课程责无旁贷应该培养学生的想象力。

能不能开设超学科的美育课程来培养学生的想象力？我以为是现实可行的。我在金茂学校设计了创意想象的系列课程，包括创意绘画、创意写作、创意建模。小学阶段开设创意绘画——就是以绘画为主要表达创意方式的一门课程。小学低幼年级学生文字掌握不多，他们可以借助色彩、图形，利用颜料、树枝树叶、废弃包装等材料来表达他们心中对事物的美好想象，可以想象未来的儿童乐园，可以想象一个蛋盒的无穷变化，可以想象一个苹果的无数次变形，等等。初中阶段开设创意写作——就是以文字为主要表达方式描述心中创意的课程。初中阶段的学生可以借助文字来描绘心中的美好想象，当然也可以穿插使用绘画等方式表现自己的美好创意，可以是一个动人故事的叙写，可以是一个令人惊艳的创意介绍，等等。高中阶段开设创意建模——就是以建构模型为主要表现方式的一门创意课程。高中生各种学科知识相对小学、初中学生而言更加丰富，动手制作能力也相对小学、初中学生更强一些，他们可以利用可资利用的各种材料表现自己的创意，声光电都可以用上，比如表现他们心中未来的社区、未来的城市、未来的学校、未来的医院，等等。

想象与思维是支撑各种能力的最底层的东西，创意想象与思维能力就是支撑创造力的最关键的东西。欧美发达国家的教育高度重视想象力的培养，芬兰新课程标准规定了七个横贯能力的培养目标，第一个就是思考与学习能力。英国《新科学家》杂志发表戴维·罗布森《一生的七个妙龄》，文章提到童年的原创思维，童年时期的大脑发育在很大程度上源自某种近似于科学方法的统计学习，也就是对世界做出预测，然后根据自身体验获得的证据来更新认知，而想象游戏可以助推这一进程，特别是在儿童开始摸索人之所以为人的复杂思维时。这也解释了为什么童年是培养创造力和想象力的关键时期。在原创思维测试中，比如为砖头等物品想出不同寻常的用途，年轻人比年长者得分更高。鲁迅也曾经说过："孩子是可以敬服的，他常常想到星月以上的境界，想到地面以下的情形，想到花卉的用处，想到昆虫的语言，他想飞上天空，他想潜入蚁穴……"我为金茂学校设计的创意绘画、创意写作就是要助推学生这种上天入地想象力的成长。毕加索说过："我花了四年时间画得像拉斐尔一样，但用了一生的时间，才能像孩子一样画画。"儿童的作品虽然幼稚，却蕴含了无限的想象力。

所以美育课程教学其实可以直指学生想象力、创造力的培养。黄小莲和丁鑫在他们合作的《论基于儿童想象发生的教育策略》① 一文中提道：儿童想象的发生存在"先验"和"经验"两种认识："先验想象"认为想象具有先天的潜在普遍性，是从上一代继承下来的"天赋"；"经验想象"认为想象活动是需要感觉做支撑的，是知觉的直观表象综合。基于"先验想象"的教育策略重在"激发"，即促进这种积极内在潜能的保护和发展；基于"经验想象"的教育策略重在"丰富"，即不断拓展儿童的经验世界。助推儿童想象力发展的教育策略需要以发生认识论为基础。

---

① 《教育学报》2019 年第 5 期。

　　黄小莲和丁鑫的上述观点既给我们开设创意系列课程提供了一定的理论支撑，也为我们的教学提供了很好的思路建议，我想这一定是可以有所作为的，我们愿意先行尝试一下……

学校科技课程教学研发的底层思维

一段时间的课程教学研发进展顺利，我们所研发的课程教学，都是在把握课程教学的核心思想的基础上进行的，每一门课程都找出大概念，找出核心概念，然后把这些概念间的关系梳理清楚，也就是把这门课程教学的逻辑结构搞清楚。这是课程教学研发者理解和表达这门课程教学的标志所在，这也是学习这门课程的师生理解这门课程教学的必经之路。

学校课程教学研发进入到产品阶段就需要专家的专业审读，华东师大李雁冰教授是研究科学教育的，也是研究教育哲学的，对我们的科技课程给出了很专业、很中肯的审稿意见。我以为李教授站在教育哲学的高度，居高临下，颇有哲学的意味，他的意见归纳起来就是回到科学教育的底层思维。

第一，回到儿童认知的底层。课程教学是为学生服务的，必须站在学生的角度去思考课程教学内容的表达。比如李教授关注到科技课程教材中使用的实词和虚词（当然他讲的实词、虚词与汉语语法中讲的实词、虚词概念含义不一样），李雁冰教授建议："教学目标尽量用实词，避免主观性过强的虚词，或者对某些要用的虚词给出一定的说明和教学示例。比如，教参中多次出现的'观察美丽的校园''美丽的大自然'等,'美丽'一词让老师和孩子如何理解和把握?可不可以让老师通过一个简单的问题'什么是美丽',然后结合一个小的绘画视频等让学生稍做讨论,从而明确丰富多彩比单调美丽,秩序比杂乱无章美丽等。这本身有助于学生形成严谨的思维方式,引导学生理性认知的发展,从而突出了自然课、科学课的特点。"应该说李教授考虑问题的细致程度是绝大多数老师所不及的,他认为美丽是虚词,这就需要解释,何为美丽?因为一年级的小朋友关于美丽是没有多少概念的,所以说李雁冰老师是着眼于儿童认知的底层。再如,李教授建议,在教参探究序列"探究对象"一栏中可以增加"自我"或者"我"这一项,这个"我"在第一、二单元中是"我的身体",在后面的单元中可以相应地变成"我的观察""我的分类""我的测量""我的记录",等等,既培养孩子的自我意识、责任意识,也可以逐渐渗透"主观""客观"等概念,进而让孩子慢慢理解"科学是人类认识世界的方式(不等于世界本身)""科学知识的主观性"等科学本质的特点。这其实就是儿童自我认知的底层。

第二,回到科学研究的底层。科学教育一个重要的指向就是培养学生的科学思维,其中还原科学家当年的研究情境就是必然的一个方法。回到科学研究的一般常态之中,比如关于学生做实验的问题,李雁冰教授建议:"尽可能地在教学中引入对科学的认识。比如在'水''空气'等单元中,初步地涉及一些小实验,用于说明水的性质、空气的存在,教学时教师可以有意识地把活动用问题引入,从而表明'验证'是科学的本质特点,为了验证而进行的实验设计是科学发展的常规手段。当然,这些都要用孩子能接受的语言来讨论。教参中提到的养成尊重客观事实的科学态度与此相辅相成。"课程研发要关注儿童的兴趣点,好玩,有趣,学生才会容易入迷,一些好的科普作品常常能够做到这点，好的科技课程教学也应该做到这一点。再如，李雁冰教授建议，在"各种各样的动物"单元，可以增加达尔文通过对动物的研究提出进化论的科学史故事。这个建议很有意义，让教师带着学生回到科学史，也是回到科学研究的底层，看看科学家们早期的研究，进而认识和了解科学研究本身到底是怎么回事。

第三，回到人文关怀的底层。科学课程教学也讲人本主义，以人为本，亦是要帮助学生认识自我，关爱自我；推己及人，关爱他人，关心他人，帮助他人。李雁冰教授提到，课程"认识你我他"单元，设计了一些让学生认识人体器官的活动，教参提示"引导学生关注不能使用身体某个部分所带来的不便""启发学生从生活、学习、运动等方面思考身体各个部分的重要性""懂得爱护身体"等，对此李教授建议："应该提醒学生由己及人，懂得尊重、爱护、帮助弱小同学和残疾人，帮助学生建立正确的人生观和价值观。"这是教育者的情怀，这是人文情怀。

李雁冰教授不愧为研究科学教育、研究教育哲学的教授，确实有哲学的视角，哲学的理性。看问题，提建议，既能居高临下，又能细致入微；既体现了十分严密的理性逻辑，也体现了情意逻辑。所谓情意逻辑，就是要尊重学生的兴趣，尊重学生的情意特征，尊重学生的情意需求，以学生为本，实现对学生的人文关怀。

课程教学研发的底层思维既包括理性逻辑，也包括情意逻辑。作为学校课程教学，我们既要尊重科学理性逻辑，也要尊重情意逻辑。

幸福感——学习的内驱力

2021年9月7日经济合作与发展组织（OECD）开展的社会与情感能力大规模测评项目（SSES）首轮调查结果公布。何谓"社会与情感能力"？OECD将其定义为人在实现目标、与他人合作及管理情绪过程中涉及的能力。

忽然想起联合国发布的2020年《世界幸福报告》，2020年全球国家及城市幸福指数排名，在全球156个国家和地区中，芬兰连续第二年被评为"全球最幸福国家"。丹麦在2020世界幸福国家中名列第二，丹麦第二大城市和主要港口奥胡斯荣获2020世界最幸福城市第二名，首都哥本哈根名列第五！丹麦已经有四年被评为"世界上最幸福的国家"。

两件事情叠加起来，让我顿悟：整个世界不约而同地在关注人的情感，关注人的幸福感。人的情感、人的幸福感不正是人类的原初目标吗？这不正是教育的原初目标吗？其实人类所有努力的终极目标就是为了人的幸福，教育也就是要人人获得幸福感！这是不是也是一种回归？我们常说不忘初心，这就是初心。这让我想起古希腊哲学家伊壁鸠鲁说过的一句话："快乐是幸福生活的开始和目的。因为我们所认为的幸福生活是我们天生最高的善，我们的一切取舍都从快乐出发，我们的最终目的是得到快乐。"他所主张的快乐绝非肉欲物质享受之乐，而是排除情感困扰后的心灵宁静之乐。学校教育应回归到原始的出发点，回归到我们最终的目的上。

何为幸福？迈克·维金是丹麦哥本哈根幸福研究所的首席执行官，数年来一直致力于探究丹麦人幸福指数如此之高的原因。他写作了《丹麦人为什么幸福》，将丹麦人的幸福秘诀归纳为"HYGGE"一词，大意为"舒适惬意"，也指"温暖的、亲密的""灵魂深处的舒适""烦恼尽消""享受当下一切让人欣慰的愉悦"，还代表"放松的相聚"。所谓幸福（英文 Happiness，Well-being）就是一种持续时间较长的、对生活的满足、感到生活有巨大乐趣并自然而然地希望持续久远的愉快心情，它包含几层意思：一是"持续时间较长"；二是"对生活的满足并感到乐趣"；三是"一种自然而然的愉快心情"。"幸福"是一种主观的精神层面的情感体验。

何为幸福感？幸福感是指人类意识到自己需要得到满足及理想得到实现时产生的一种积极情绪状态，个体根据自己的生活和情感标准对其生活质量综合评价所表现出的内在的一种积极的体验。这种标准通常基于一种积极的评价方式，对生活保持乐观向上的态度。用通俗的话来讲，幸福感就是更多的积极情绪，更少的消极情绪，以及对生活的满意度。幸福感包含爱、智慧及自由。一个学生在学校自由地学习与生活，他之所以有一种幸福感，那一定是他感受到同学之间的友爱，感受到老师们、职员们对学生的关爱；在努力求学的过程中，他也感受到自己的才华与智慧在学习与实践过程中得到充分的展现；感受到心灵的自由。于是在其内心深处自然而然滋生出幸福感，这种幸福感将促使他进一步追求幸福、追求更大的发展，从这个意义上说幸福是人类行为最好的而且是最终的动机，也是学生最好的、最终的动机。

何为内驱力？所谓内驱力，是在需要的基础上产生的一种内部唤醒状态或紧张状态，表现为推动有机体活动以达到满足需要的内部动力。需要是产生内驱力的基础，而幸福感就是人们追求的目标之一，也是人们的需要之一。

幸福感是学生学习的内驱力。全球青少年社会与情感能力测评项目（SSES）的调查数据报告显示，社会与情感能力对学生的学业表现、教育期望、公民参与、社会关系、心理健康与生活质量（幸福感、生活满意度、考试焦虑）等生活结果均产生重要影响。如果我们把学科学术知识和技能比作"硬能力"的话，那么社会与情感能力就可以比作"软能力"，别看是软能力，但对所有孩子的成长和未来至关重要。比如抗压能力强、积极乐观的情绪状态能让学生现在以及今后更容易应对学习与工作中的不顺利；善于合作、彼此信任和相互包容的能力，是现代社会生活必不可少的一种能力；创造性和好奇心这两项人工智能难以取代的关键能力，越来越重要。幸福感是积极心理学研究的核心概念，它强调人的积极情感体验和态度的重要性。幸福感强化学生在学习过程中积极的、正向的心理体验，让学生在学习过程中充分感受学习的快乐，体验自身力量，体验通过自己的努力最终达成目标的成就感和幸福感，从而建立起更强大的学习内驱力。幸福感促进学习的内驱力，学习的内驱力促进学习的成功，学习的成功成就了学生的幸福感。学生的学习幸福感是学生情感发展的重要内容，是学生学习的内在驱动力，是重要影响因素。具有高幸福感水平的青少年在学业成绩、动机、自尊感、对生活的意义、感恩及自我效能等方面都有较好的表现。美国教育学家布鲁姆说过："一个带着积极情感去学习的学生，应该比那些缺乏感情、乐趣或兴趣的学生，或者比那些对学习材料感到焦虑和恐惧的学生，学习得要更加轻松、更加迅速。"

促进孩子幸福感，家长何为？中信出版社翻译出版的（美）杰茜卡·

乔尔·亚历山大和（丹）伊本·迪斯·桑达尔合著的《跟丹麦父母学幸福教育》一书认为，丹麦人的幸福来源于 PARENT 的育儿秘诀。P 指的是 Play，玩耍，在丹麦的育儿理念当中，玩耍＝孩子间的社交。A 指的是 Authenticity，诚实，丹麦人诚实为先，自己的感受好与坏都要认识并接受它。R 指的是 Reframing，重建，少强调消极面，多着眼于正能量。E 指的是 Empathy，共情/同理心，丹麦孩子必须参与全国性的项目——"Step by Step"（一步一步），过程中，既要对别人的情绪进行叙述，也要说出自己的所思所想。N 指的是 No ultimatums，不下通牒，丹麦规定打孩子是犯法的，告别对抗式家庭文化，让小孩在理解与成长中学会分析对与错。T 指的是 Togetherness，惬意相聚，丹麦人从小告诉孩子，应和家人或朋友和睦相处、亲密无间、团结友爱，从而与周围的人一起享受惬意相聚的时光。丹麦家长的经验值得我们的家长学习借鉴。

促进学生幸福感，学校何为？全球青少年社会与情感能力测评项目（SSES）的调查数据显示："社会情感能力发展好的学生，有更好的学业成绩，有更高的生活满意度和主观幸福感。社会与情感能力并非一直不变，它们可以通过学习来塑造。从童年到青春期，学生的当前心理幸福感会下降……乐观是与学生当前心理幸福感最为密切的能力……富有活力能够提升学生的心理幸福感……"

学校里学生的幸福感来自哪里？基于 40 年的教育教学经验以及相关的理论学习，我以为学生的幸福感主要来自于宽松的学习环境，和谐的师生、生生关系；乐观自由、积极向上的学校氛围；丰富的展现学生自己才华、技能的机会；学生学习与实践的进步与成就；学生乐善行善的行动……

点评如何塑造教学风格

应某市教育机构之邀，点评某市骨干教师关于"如何塑造教学风格"的研讨。即兴点评，实在不容易，反应要快。他们说分成三个组，每个组汇报之后，我点评，等于一个下午点评三次，同一个主题，好在他们之间讲得各不相同。对最后一组的点评，把会场气氛充分调动起来了。每次点评之前，我都要找三个在场的老师谈谈自己的想法，最后一组讲完之后，老师们纷纷举手要发言，其中有的老师发言比较尖锐，直接批评第三组发言的老师，完全进入真实的讨论状态，很成功。

第一组的老师讲的题目是"研磨教学风格，提升教学魅力"。首先讲的是何为教学风格，以及稳定而显著的教学特色。其次讲青年教师如何塑造教学风格，乐教爱生，模仿学习，选择合适的榜样、合适的学习目标；反思成长，学习他人经验反思，学习理论反思，教学实践反思，解决问题反思。最后讲中年教师如何塑造教学风格，走出倦怠，突破自我的方法有情绪转移、找点事做、专注教研、遇见更好的自己，取其精华去其糟粕；深入研究，用于创新，激励性评价，静待花开，角色互换，激发潜能，小老师，游戏式家庭作业创新设计。我做了如下的点评。

　　首先肯定了第一组在很短的时间内组建了一个学习共同体。这一组 8 位老师上台，各自都做了发言，事先做了很好的逻辑分工，总分总的结构。开始是总说，何为教学风格，中间部分，分成青年教师如何塑造教学风格，中年教师如何塑造教学风格。有一位老师所讲的内容确有闪光之处，一是说小老师，一是说游戏式家庭作业。我结合自己以前的教学，谈了对这两种做法的肯定，小老师其实就是调动学生起来做老师，调动学生充当教师的角色，这种方法在我担任语文教师的时候曾经使用，核心作用在于学生由被动学习变为主动学习，学生学习积极性大增，学生完全以主体的身份来进入学习状态，自主学习，积极主动，成效显著。游戏式家庭作业确实也是一种很好的改革举措，核心在于回归学习的初始状态，学习原本就是好玩的，就是有意思的，让学习变得有趣，让学生热爱学习。我强调这些做法一定要持之以恒地坚持下去，做他五年、十年，最终能成就特色风格。

　　第一组的问题在于在谈到教学风格的含义时只有一句话的概括，对教学风格的内涵和外延都没有做清晰的界定，反过来说明他们其实没有搞清楚教学风格的确切含义，以至于机械地分成青年教师、中年教师如何塑造风格。青年教师更多地在掌握基本的教学规范，刚刚入职不久的青年教师连教学规范都尚未掌握，怎么可能开始塑造教学风格？这组讲得更多的是不同阶段教师成长的经验，教学风格的意义没有凸显出来。

　　第二组也是小组合作式，每位教师都上台，但由几个老师做代表发言，其他几位老师站台助威不发言。他们首先以举例的方式阐述专家型教师学识渊博、高瞻远瞩、个性鲜明的教学风格，其次解释教学风格的内涵和外延，最后结合实际谈如何塑造自己的教学风格。先分析现状：教而不研，不深不透，后说如何形成自己的教学风格：1. 外部推进，理论基础；2. 内部引领，树立职业信仰，发扬自身特色；3. 主体实践，提高专业技能，稳定教学风格。

他们这一组的逻辑性相对较强，既对教学风格的内涵做了概括，制订了教学成熟稳定的标志，又对教学风格做了逻辑分类：技巧型、理智型、自然型、幽默型……特别还打了个省略号，表明不止这几种，这是一种开放的思维方式，不把自己的观点做封闭性终结。这一组的老师具有教学机智，表现在善于利用各种资源，首先利用专家的资源，把前面几次讲课的专家讲课风格的不同作为开场白，之后又把这一场的点评专家作为资源，提到我（程红兵）的讲话风格是理智型的，最后还把现场的学员当成资源，热情地邀约大家到龙舟（他们所在县）去玩。第二组的问题在于论证过程缺乏逻辑关联，所讲述的现状问题多半与教学风格没有多少关联度。

第三组是一个老师讲，他代表第三组讲，题目是"追求卓越"。首先讲学习感受。其次讲他们当地乡村课堂教学现状，教师知识素养较低，教学能力较弱；学生学习意识淡薄；当地的环境如何差。再次讲如何塑造教学风格：1. 入格，模仿教学设计，模仿课堂教学，模仿教学评价；模仿的阶段有"他人性"。2. 立格，山寨——独立——创新，要思考什么是创新，应该做什么。3. 破格，创造。4. 无格之格，最高境界。最后讲悟教师职业，教师教学是思维活动的艺术。

一个人的独白，说明这个人是很有自信的。我先请大家评说，结果许多人举手发言，发言者多半是批评他，是质疑他。质疑他没有界定教学风格的内涵，质疑他讲了许多学习感受，讲了许多乡村课堂教学现状，却没有与教师教学风格联系起来，这些质疑都是对的，我给予肯定。同时我还指出了他思维中的误区，他在讲话中屡次要求我给他们学校送能够考上清华、北大学生的苗子，这无疑是极其荒唐的，我说这是明显的弄虚作假，深圳某民办学校从河北衡水中学买了几个优秀学生到深圳参加高考，结果被曝光，受到严厉惩罚。在讲述中他还几次要让我解决他们的困难，这也是超出了本次讨论的范围，也是我力所不能及的事情。

我在总结中讲道：这是一种依赖思维，《国际歌》里说"从来就没有什么救世主"，解决你们问题的只能是你们自己。没有一个专家能够解决你们的具体问题，专家们不过是讲了他们的理论、他们的经验，他们曾经解决过什么问题，但是他们代替不了你们的工作，你们听了专家的讲课，结合自己的实际，从中汲取有益的思想经验，自己去尝试着解决问题，如此而已。

我同时也肯定了第三组的优点，在讲如何塑造教学风格的时候，他讲得是相对到位的，而且他有一个明显的优点，就是定义式论述，如何塑造风格，他用了"人格""立格""破格""无格之格"四个专用术语，在其他地方还用了一个"他人性"这个术语，专业术语的使用确实体现了专业表达。其中"无格之格"的说法还是有一定的意义和价值，就是他把教学风格的最高境界讲出来了，教学艺术化的最高境界就是没有风格的风格，出神入化。

把三个小组的优点组合起来就是一个相对比较完整的论证。第一组、第二组讲了教学风格的内涵和外延，第三组讲了如何塑造教学风格。

最后我讲了我的观点。

第一，何为风格？风格即人。何为教学风格？教学风格即教师自身。它的风格是由教师本人独特的思维方式、独特的话语方式、独特的教学方式、独特的管理方式决定的，这就是它的内涵。教学风格的类型有思辨型、情感型；开放型、控制型；等等。语文教学界的老一辈专家于漪老师，就是审美型的教学风格，钱梦龙老师就是精巧智慧型的教学风格，魏书生是科学管理型的教学风格。

第二，教学为何有风格？课堂教学的本质是有规律的自由行动。教学是科学，因此有规律可循；教学是艺术，因此就有风格可谈。

第三，风格怎么产生？风格是自然形成，还是刻意打造而成的？我以为是长期以来的教学过程中慢慢形成的，是教师个体的思维方式、话语方式、教学方式、管理方式所决定的，教师在教学中兴之所至，习惯使然，日久天长就形成了自己的教学风格。教学风格虽然不是可以打造出来的，但教师个体也不是无所作为的，而是能有所作为。例如广泛地学习，多元地探索，发现自我（人无我有，人有我无），持之以恒地坚持自我，突破自我，也就是说当教师个体形成了自我教学风格之后，不应该是故步自封的，还要与时俱进，突破自己，成就新的风格。

提高校本研训效度管窥

【受聘某市教育局、教师教育研究院，参加他们举行的市直学校校本研训三年规划评审论证会，听了各市直学校校长关于校本研训三年规划的汇报，学到了很多经验，也触发了自己的一些想法，作为所聘"专家"，不揣浅陋，提出来就教于各位方家。】

校本研训，就是学校组织开展的教育教学研究、培训活动，就是为了改进学校的教育教学，提高学校的教育教学质量，从学校的实际出发，依托学校自身的资源优势、特色进行的教育教学研究和教师培训。最经典的解释就是"为了学校，基于学校，在学校中"，以学校为基地，以问题为中心，以课程改革为舞台，以提升教育质量为目标，以教师发展为目的。

校本是首要元素，校本即以校为本，其含义就是基于学校的问题，针对学校的实际，采取符合学校实际的问题解决策略，促进学校改进发展。首先是深度分析学校校本研训的主要问题是什么，具体表现在哪里，哪些环节存在什么差距；其次是深入分析产生问题的原因所在，涉及哪些相关主体，哪些是主观的原因，哪些是客观的原因，哪些是可以有所改进的，哪些是一时不具备改进条件的；最后是就现阶段可以改进的问题，提出改进的策略、措施。其中的关键就在于，一定要紧紧扣着"学校"的概念含义。从诸多学校的规划方案来看，有些学校对自身的问题没有抓准；有些学校虽然抓准了，但对相关原因没有找准，没有深入地往下追问，没有做清晰透彻的具体化分析；还有些学校所提出的改进策略、路径，和学校的问题不够匹配。这些都需要进一步思考，才能对症下药。

研训要避免空洞化。当下有些学校的校本研训常常是例行公事，基本上是无效劳动，至少是低效劳动，培训就是请专家做报告，报告基本上就是自上而下的灌输，缺乏必要的讨论和碰撞。教研组的教研活动就是统进度，报答案，缺乏真实的研究，回避学校课程建设、教育教学的真实问题。于是研究讨论没有学术的意味，研训过程中自说自话的现象非常明显，老师之间没有提问，没有反问，没有追问。根本问题就在于教师缺乏"对话"的能力，缺乏必要的反思习惯，缺乏必要的批评意识。

教师要有必要的反思。一是对规范性的反思；二是对合规则性的反思；三是对真实性、可行性或者说合理性的反思；四是对有效性的反思。第一种：对规范性的反思，是考察该项研究的概念、命题等"是什么"与"不是什么""在多大程度上是与不是""针对什么或相对什么而言"，也就是要追究、考察规范和标准。第二种：对合规则性的反思，是在确定是什么的基础上，进一步考察判定它们是否合乎逻辑等方面的规则。合乎规则的思维，是产生和形成正确命题、概念的条件之一。第三种：对真实性、可行性或者说合理性的反思，考察分析它在实践上真实程度如何，在什么情况下才会真的这样；它是否可行，可行与不可行的条件和根据怎么样。真实性是可行性的前提，可行性是真实性的验证。第四种：对有效性的反思，就是考察、追究其作用、影响、价值或意义，分析其预期效果、潜在意义。

即如果这种思想成立且可行，意味着什么，会引起什么结果，会产生什么连锁反应。

团队要有批评意识。当下学校研训，团队内部缺乏必要的批评意识，既没有唇枪舌剑，也没有追根究底；既没有反求诸己，也没有自我批判。它常常是以一种波澜不惊、四平八稳的形态向前运行的。少了批评，少了反思之风，多了"共鸣"；少了彼此间的辩证对立，多了一团和气。其原因最根本的就是一种保守、封闭、和气思想。其后果是使研究陷于低水平的重复，一片沉寂，缺少新的生长点。批评绝不仅限于否定，它与分析、评判、甄别紧密地联系在一起。批评既有反思的意味，也有建构的功用。在着眼于自身批评的同时，也是于深刻的自我反思中寻求着建构的路径。这样我们就可以生成教师团队文化，因为有自由，所以思想活跃；因为有民主，所以积极参与；因为有倾听，所以善于表达；因为有宽容，所以敢于挑战；因为有责任，所以乐于奉献；因为有归属，所以形成合力。

学校管理者需要明确一个信念：校本研训需要持之以恒。校本研训常常以项目化的形式开展，而项目往往是阶段性的，但校本研训的结题不意味着问题的结束。在学校中，在课程中，在教学中，研究是没完没了的，问题永远伴随，永远需要研究。因此项目化的最终指向，是新的阶段、新的开始。

校本研训，永远在路上。

校本研训的"研"与"训"

一、研

毫无疑问，校本研训是一项行政工作，它具有行政工作属性，但它同时也是一项研究工作，具有学术性质。研究工作就要考虑研究什么，怎么研究，即要考虑研究的学术含量和研究的学术方法，也就是说校本研训规划，就需要在规划中体现学术的意义。今天的很多规划方案，学术的含量不够高。如何提高学术含量，首先要明白到底要研究什么，否则就是泛泛而谈。

其中一个重要的路径就是向下研究，就是要研究要素，研究结构，研究技术。比如研究教学行为结构，要素分解：对教学行为进行要素或过程分解；明确关系：弄清分解后获得的行为要素或行为过程之间的关系；怎么组合：它们是如何组合在一起的；组合原因：组合起它们的原因是什么。例如关于高效课堂的研究，就要研究课堂的要素，研究课堂要素之间的关系及其结构。不研究到课堂要素和课堂关系、结构，不研究不同目标的课堂等，只能是泛泛而谈，这样的研究就没有学术的含量。以研究读书活动为例，就要明确研究教师读出了什么，用到了什么，什么时候读书有意义，什么样的方式读书最有效，等等。这些不仅是校长本人要清楚，分管校长要清楚，教研组长也要清楚。从这个意义上说，细化才是学术，泛化就是工作。再如青年教师磨课，其实就是青年教师对教学行为的研究。教学行为研讨一般包括：设计教学行为，即教案设计；呈现教学行为，即课堂教学；完整地描述教师的教学行为，即教学实录；分析讨论评价教学行为，即评课研讨。常用的方法有同课异构，观课评课，教学叙事等。以教案为例，亦可以展开，初案—共案—个案—续案—补案，等等。研究技术，探索出具有普适性的教学行为方法。技术的呈现方式是程序性知识，具有可操作性，主要有两种形态存在：细节化形态和模式化形态。如朗读训练的方法为细节化形态，而情境教学法、略读课文指导"四步"法是模式化形态。

还有一个就是向上研究，所谓向上，就是研究结构系统，研究教学理论，研究课程。研究结构系统，是更上位的研究。从行为结构出发，往上寻找到与"行为"相关的上位概念，即"大系统"概念。如导入、提问、情境的创设、评价反馈、板书等教学行为方式和方法的主体是教师，这些行为的上位概念可以归结为"教"；同理，默读或朗读、独立思考或合作交流、口头回答或书面作业等行为，可以归结为学生的"学"。对教和学的方法、方式以及二者之间关系的研究，应该算结构系统研究。研究教学与课程理论，是更抽象的研究。研究课程与教学理论，显然在教材教法分析之上，课程在教材之上，教学在教法之上；它是教育理论中承上启下的层级，上承教育基本理论，下启教材教法和课例案例；它是教育理论转化为教育实践的关键和核心环节。其中的两个重要的思维方式都可以采用：演绎法和归纳法。例如有一所学校提出学术节、学术沙龙、学术共同体，能否建构自己的学术标准，学术节的标准，学术沙龙的基本标准，学术共同体的基本标准，这就是上位的研究。

二、训

训，就是培训。首先培训要差异化，我们要明确一个非常重要的指向，即不同的人是有不同的特征和需求的。比如青年教师，他们的短板在于刚接触教育工作，"不会"工作，那就需要采取行动培训：不会开班会课，那学校就指导他们如何开好班会；不会与家长沟通，学校就手把手教他们与家长沟通。中年教师常常是有了一定的教育教学经验，但不会进一步上升到课题层面来研究，这个时候就要重点培养他们的研究能力和研究方法，让他们实际承担一些课题研究。老教师，他们的长处也很清晰，经验丰富，他们的短处也很具体，就是不太善于与时俱进，那就要引导他们学习新的理论知识、新的理念、新的技术方法。校长和领导班子要做培训，就要明确不同的群体的各自优势和急需改进的问题，然后调配资源。这些工作不是宏观规划，看似细枝末节，但是往往微观组合比宏观组合更重要。

此外，培训不应是孤立外加的任务。一线教师为什么排斥培训？因为他们认为这不是主业，他们的主业就是提高分数，培训就是外加的负担。因此，在顶层设计上，要把课程改革、教研、教师培训"三位一体"，让课改引发教研，教研推动课改；让教研带动师训，师训提升教研；让师训启发课改，课改激励师训。要让教师明白，只有研究课程，研究学生，才能把所谓的主业（提高分数）做好，让学习成为教师内在的自发的需要。

学校干部的观课评课①

学校里的工作主要与教学有关，干部原本就是学科骨干教师，在引领教师的过程中，听课评课就是一个主要方式，于是评课技术就成了干部应该掌握的首要技术。当下干部评课的主要问题：一是思路不清，分析不明，东拉西扯，逻辑混乱，评课之后，被评教师不知所云；二是所评所讲尽是人人熟知的大道理，虽都是真理，但也都是废话，没有提供任何有效信息；三是评课常常空泛，受众教师常常会觉得似是而非，听起来像回事，仔细想想好像没有得到什么启发。

正确的评课一定要源于教师，基于课堂，同时适度超越受众，给他们以启迪和引领，甚至使其茅塞顿开。因为干部评课的目标是提升教师教学水平，核心目的在于促进教师专业发展。

干部评课不应等同于教授评课。教授评课往往居高临下，往往从理论的角度来评课，高屋建瓴，常常是演绎式的。他们重在评价，弱在指导，不能给教师以具体的启迪和帮助，中小学教师往往不太接受。李海林校长曾经说过："学术性评课，主要是就所'看'到的课堂事实做出恰当的分类，在这个课堂上，发生了什么；这些事实对课来说，意味着什么；所意味的，是一个什么性质的问题，这个问题的关键是什么，等等。学术性评课，不要急于对课堂里的问题下判断，更不要急于提出自己的主张。学术性评课，重要的是搞清楚课堂上发生的事实，及这些事实的意义。"

干部评课也不应完全等同于学科同行评课。学科同行长期在第一线执教，摸爬滚打，实践经验丰富，深谙课堂教学的规律。他们的评价可能会更贴切一点，一般都是将心比心，旁观者清，但是他们的评课有时也会因为过于相近，导致有所局限，思路跳不开，出现同质化评课，即不能有效超越授课教师的水准。

干部评课也不应等同于学生评课。学生评课很重要，课是为学生服务的，服务质量如何，学生这个用户是最有发言权的。学生站在独特的视角，说出了专家、同行没有说出的话，很有意义，但是学生评课毕竟专业性不强，理论性较弱，一般比较感性。

干部评课应该有别于上述几种评课，但又与上述的几种有一定的关联。首先，干部应认真听取学生的课堂反馈意见，把其中合理的因素提炼出来，敦促教师关注学生意见。其次，干部评课要站在学校的角度考虑，要依据学校教育的价值取向和学科教学的共同价值观来评课，要有一定的高度，要体现现代教学的发展方向。评课评什么？第一种：评思想。评教师的教育思想、课程观，这种评课比较上位，但也比较抽象，需要结合具体内容来评。第二种：评问题。即揭示课堂当中的问题，分析其原因。第三种：评细节。就课中具体细节展开评价。一线教师往往喜欢听细节评价，点评到位的话会给人一种豁然开朗的感觉。我以为干部的评课方式应该兼顾以上几个方面，既要有思想，但又要联系现实；既要有概括评价，又要具体指导；既要指出细节问题，又要结合细节深度分析。

干部评课要合理、有法、动情、入心。所谓合理，即合乎课堂教学的基本原理；所谓有法，即在指出教师课堂问题、分析原因的同时，还要给教师具体的方法，甚至于给他提供样板、案例；所谓动情，即评课要触动教师，而且让教师感情上要能接受，不能蜻蜓点水，不能一味夸奖，批评有度，情感接受；所谓入心，这是比较高的标准，干部的评课要能抓住要害，一针见血，把影响教师课堂质量的关键因素点到位，把教师一以贯之的问题揭示到位，让教师心里产生强烈的震撼，这是最佳效果。

干部评课要兼顾几个特性。首先，评课是评价，也是指导。在对课堂做出评价的同时，更多地应议论课堂，在指出课堂优缺点的同时，应该给出相应的方法，评议应该具体一点。其次，评价标准的个性与共性。各个学科有其个性特征，但也有共性特征。当然评课必须尊重各个学科的个性特征，又要关注一般学科的共性特征。就课堂的个性、共性问题做出判断、评价。最后，评课的局部性和全面性。评课只能是就这堂课说这堂课，难免挂一漏万的、以偏概全、难免片面。为了全面，必须深入研究，找到问题的症结，可以连续听课，反复比较。当然也可以借助典型课堂案例来分析问题，"窥一斑而见全豹"，从这堂课去发现老师一以贯之的问题，在这样做的同时我们要尽可能避免以偏概全。

从评课的效果看，至少要达到两个效果。第一，思想引领。引领教师的教育思想，通过课堂观察发现教师在教学思想上的问题，教学观念上的问题，倡导以学生发展为本的教学思想。第二，方法指导，即通过评课指导教师怎样上好课。如何有效地激励学生，让学生成为学习主体；如何开发各种教学资源；如何处理好教材；如何处理好课堂环节及其逻辑关系；如何使用现代教学技术手段辅助教学等，最终促进教师教学水平的提升。

学校干部评课的技术

干部评课是有方法和策略的，认真研究就会发现其中的规律、技术。

第一，哲学式追问。在叙述课堂所发生的事实的基础上，进行概括归类；在归类的基础上，评课者可以针对教学发出哲学式追问，如数学是什么？语文学习是什么？知识是什么？知识是工具，还是目标？学生是什么？学生是学习的主体，但什么时候、什么情况下学生才真正成为学习主体？手段是什么？是目标，是目的？教师是什么？教师凭什么引领学生？怎么引领？课堂是什么？通过一连串的追问，结合课堂实际发生的事实，引导执教老师回归原点去思考。评课者自己结合对课堂的观察，结合自己的教学经验，尝试做出自己相应的回答，给予执教老师以启发。

第二，学生视角。即站在学生角度观课评课。只有站在学生角度思考，才能知道学习的真相，才知道到底应该怎么教，教得怎么样。学生应知晓这堂课的主要目标，学生要干什么，达成什么，如果教师不告诉学生目标，学生糊里糊涂跟着老师走，几无所获。学生应知晓老师的指令到底何意，教师给学生发出的信息、指令要具体明确，比如让学生填表，教师就应该告诉学生为什么要填这个表，这个表的意义何在，以及让学生在多少时间完成填表的工作，计时计分，提前的，给予奖励。教师的课堂教学指令常常含义不明，老师在课堂上提出问题，却自问自答。学生不明白教师的指令到底何意，到底要不要我们思考、要不要我们回答，似问似答，非问非答，说是问题，但又不要学生思考，甚至无须学生回答；说不是问题，它常常以问话的方式出现。问题常常细碎化，几十个问题中什么是核心问题？学生无法建立整体概念。课堂是师生之间的互动对话，对话就要有来有往，清晰明确，模模糊糊的话语方式会导致学生糊里糊涂的学习结果。学生应知晓课的逻辑关系、逻辑脉络，也就是说教学内容要结构化。为什么要结构化？结构化的目的在于方便学生理解，方便学生掌握，结构化可以利用思维导图，把一堆的内容条理化，理清楚，把它们之间的关系梳理清楚。对学生来说，应该有所挑战，整堂课教师没有提出让学生深度思考的问题，学生完全停留在浅表层面上的信息筛选，缺乏有质量的问题，对学生而言就缺乏挑战，学生情绪容易疲乏，容易瞌睡。正确的做法是浅层次的信息筛选和深层次的问题应交互进行，张弛有度，难易有度，节奏感明快，这样学生学习积极性才会比较高。学生应知道教师评价、好恶的原因，有些课，教师对学生的某个回答会做出极富夸张的表扬，但问题的关键是教师并未对此做出相应的解释，导致学生根本没有明白为什么这个问题非常好，好在哪里。

第三，观察学生。观课评课，许多人都把视点落在执教的老师身上，或者主要观察教师，其实课堂到底如何，只要看看课堂中的学生表现，就能说明问题。学生该听的听进去没有？学生该说的说到位没有？学生该想的想到底没有？学生该做的做完了没有？请注意我在动词后都加上了表示程度的词语"听进去""说到位""想到底""做完了"，这些词语都表明了所谓高效课堂、深度教学的结果如何、效度如何。学生学习后是否增值，据此就可以评课，因为课堂中学生的行为表现客观上都是教师教学行为影响的结果。华东师大崔允漷教授认为，课堂学习的值包括：一是动力值，即学生想学习的愿望；二是方法值，即学生会学习的方法；三是数量值，即学生所学到的知识与技能；四是意义值，即学生学到的东西是有意义或受用的。一堂课下来，学生是否增加了学习的愿望；学生是否掌握了一些学习方法；学生是否学到了新的知识或技能；无论学习方法，还是知识技能，是否都是有意义的。以此我们就可以评价这堂课的成功还是失败、意义等问题。

干部评课是一种教学临床诊断性评课。李海林阐述了评课的基本流程：我们看到课堂里学生、老师在做什么（课堂事实描述）；从我们看到的事实出发，推断在课堂里，老师实际上在教什么、学生实际上在学什么（教学内容推断）；学生学到了什么，因而他们发生了什么改变（有什么教学效果）；这堂课，我们的目的是让学生发生这样的改变吗（教学目标审议）？如果是的，那我们是怎么实现的（教学过程回顾与审视）？如果不是的，那我们在什么地方走岔了路（教学过程回顾与审视）？诊断性评课，诊断是起点，目的是"治疗"。

诚哉，斯言！

后　记

我是校长，其实更是一个教师，在教室里摸爬滚打几十年，唯独钟情于三尺讲台。做了一两年教师就喜欢上了课堂教学这个职业，因为课堂好玩，跟孩子们在一起很有意思，课堂千变万化，丰富多彩，给人无穷的乐趣。

2003 年我出任上海市建平中学校长，仍然坚持上一个班的语文课，原因有许多，其中一个原因就是喜欢上课，上课能找到感觉，找到快乐，甚至我还常常以上课为理由，拒绝了很多会议。好在当时的领导宽容，知道我这个校长不过就是一个爱上课的书生，从没有因为这个批评我、为难我。后来我调任上海浦东教育发展研究院任院长，没有自己的学生了，于是专心给老师们上课，给校长们上课，而给他们上课的一个重要内容就是课堂，大量的观课评课成了我讲座报告的绝好素材。

后来又到深圳创办深圳明德实验学校，我所带的教师都是一些年轻教师，大多是应届本科生、硕士生，没有教学经验，于是作为校长的我就天天和他们泡在教室里，他们上课，我听课，听完课，和他们讨论课，一次次，一天天，这么下来，可以欣喜地看到这些老师的课堂教学水平在明显进步。于是观课评课成了我的主要领导管理方式、主要工作方式，甚至成了我重要的生活方式之一。

《上海教育》《今日教育》《未来教育家》《湖南教育》曾先后让我开设专栏，于是观课笔记就是我这些专栏之中的重要内容之一。长江文艺出版社对此颇有兴趣，2017 年 6 月出版了拙著《听程红兵老师说课评课》，居然颇受老师们的欢迎，加印了 5 次，被评为中国教育新闻网 2017 年度"影响教师的 100 本书"，还入选 2019 教育部中小学图书馆推荐书目。真的没有想到，一本小书，汇集的是一些小笔记、小文章、小思考、小想法，毫不起眼，居然也受老师们喜欢，使我备受鼓舞。

责任编辑秦文苑多次鼓励我再写续编，经过收集整理，又有不少内容，于是有了本书。需要表达的是，这些评课都是个人意见，视角所限，理论所限，经验所限，未必正确，欢迎老师们批评指正。

2022 年 6 月 16 日于上海浦东日月光